知のトレッキング叢書

集英社インターナショナル

「知」の読書術

佐藤 優

「知」の読書術

目次

編集協力　斎藤哲也
キャラクター（トレッくま）イラスト　フジモトマサル
カバーイラスト　谷山彩子
図版作成　タナカデザイン
装丁・デザイン　立花久人・福永圭子（デザイントリム）

はじめに――「未完の二〇世紀」を読み解くために

本書は、優秀な若い読者を念頭において、「教養を身につけるためには、どんな本をどのように読めばよいのか」という読書術を実践的に解説した本です。

ひとくちに教養と言っても、その理解は論者によってさまざまですが、私が言う教養とは、単なる衒学《げんがく》趣味や懐古趣味のための知識ではありません。私たちが生きているこの時代のあり方を俯瞰《ふかん》して見る、「視座」「枠組み」を提示してくれるような「知」のことを指しています。

単に最新の国際情勢や経済事情、あるいは成功法などを紹介しているだけの本（ここでは昨今の新書やビジネス書を主に念頭においている）では、教養を身につけることはできません。なぜならば、そこに書かれているのは単なる「情報」であって、それらをいくら集積したところで「時代を読む知識」にはつながらないからです。「情報」と「教養」は似て非なるものだということを、まずはしっかりと理解しておいてください。

本書で取り上げる教養本のなかには、数十年、場合によっては一〇〇年以上も前に書かれたものが少なくありません。そうした古い本には、当然、今の世界情勢を知るための「情報」が含まれているはずがありません。しかし、本当に深い教養と鋭い洞察に裏打ちされているような優れた本は、決して古びることはないのです。なぜならば、そうした本で語られている「思想」や「考え方」といった知のフレームワークは、いくら時代が変わっていってもそう簡単に色あせることがないからです。

と言っても、それだけを選択基準にしてしまうと、古今東西の無数の哲学書、宗教書、さらには小説（小説は事実そのものではないが、そこから思想や哲学を学ぶことが可能である）が入ることになり、収拾がつかなくなってしまう。そこで本書では、私たちが生きているこの『未完の二〇世紀』を理解するための読書」という限定をつけて、紹介していきたいと思います。

なぜ現代を「未完の二〇世紀」と呼ぶのか——それは現代が今なお、二〇世紀の課題を解決できず、二一世紀まで持ち越してしまっているからです。

第一次世界大戦が起きてから一〇〇年目の今年、ウクライナを巡ってロシアとアメリカ・EU（欧州連合）が対立するという事態が発生しました。これは、我々が「未完の二〇世紀」からいまだに抜け出せていないことの、何よりの証左と言えます。

一九一四年六月二八日に、オーストリア＝ハンガリー二重帝国の皇帝フランツ・ヨーゼフ一世の甥《おい》で、皇位継承者であったフランツ・フェルディナント大公が、サラエヴォにおいて夫人と共に暗殺されました。このサラエヴォ事件をきっかけに、オーストリア＝ハンガリー政府はセルビアに最後通牒《つうちょう》を発し、それがさらにロシアの総動員令の発令、ドイツのロシア・フランスへの宣戦布告、イギリスのドイツに対する宣戦布告……といわばドミノ倒しのように戦争が拡大して、ヨーロッパ史上最大の戦争（当時は欧州大戦と言った）が勃発《ぼっぱつ》しました。この戦争はドイツやオーストリア＝ハンガリーなど同盟国側の敗北という形で、いったんは終わりました。しかし、この戦争がそのまま次の戦争、すなわち第二次世界大戦の火種となったことは、今さら説明するまでもありません。

そこで歴史学者の泰斗《たいと》エリック・ホブズボームは、「二〇世紀に起こった世界大戦は、第一次世界大戦と第二次世界大戦の二つに区別するのではなく、途中に休止期を挟んだひと続きの戦争――言うなればこれは『三一年戦争』だった」という見方を採ります（第一章で詳述）。これは慧眼《けいがん》ですが、私はさらに踏み込んで、ホブズボームの言う「三一年戦争」は、いまだ終わったとは言えないと考えます。つまり、一九一四年に欧州で始まった戦争の「火種」は、一〇〇年を経た現在もいまだ消えず、その燠火《おきび》がくすぶっているのです。

＊

さらにマクロな視点に立つならば、私たちは今なお、一六四八年のウェストファリア条約で形成された、近代システムの延長を生きていると言うこともできるでしょう。

一七世紀の「三十年戦争」が「終結」し、長い中世が終わったのは、ウェストファリア条約によって「主権国家によって構成されるヨーロッパ」という世界秩序がつくられたからでした。三十年戦争が終わるということは、その戦争をもたらした真の要因が解消されたことを指します。三十年戦争の場合、その要因とは「宗教」でした。ウェストファリア条約はカトリックとプロテスタントとの長年にわたる対立に終止符を打ったという点で、まさに時代の結節点となったわけです。

その観点から見たとき、はたして二〇世紀の世界大戦は終結したのでしょうか――結論として、それは終わっていないというのが私の見立てです。

なぜなら、二〇世紀の世界大戦をもたらした真の原因が、いまだ解消されていないからです。一九一四年のオーストリア皇太子暗殺事件をもたらした直接の原因は、ナショナリズム（民族主義）という思想です。ウェストファリア条約によって宗教対立は解消しましたが、その一方で新しい火種がつくり出されました。それが「国民国家」という思想であり、「民族自決」というドグマです。オーストリア＝ハンガリー二重帝国の皇太子フランツ・フェルディナントは、なぜ暗殺されたのか。それはボスニア・ヘルツェゴビナの民族自決を目指す過激なナショナリズム集団が存在したからです。つまり欧州大戦とはナショナリズムがもたらした大戦争だったわけです。

と同時に、もう一つ、欧州大戦が生まれた原因としては、これまたウェストファリア条約によって生まれた主権国家が、国内においては「資本主義」をテイクオフさせ、外に向かっては「帝国主義」を発動させたことが指摘できます。つまり二度にわたる（あるいは三一年にわたって続いた）世界大戦とは、「帝国主義戦争」であったという見方もできるのです。

この二つの要因は、一九四五年に日本とドイツが連合国に降伏したことによって、解消されたと言えるでしょうか――もちろん、答えはノーです。

たしかに日独両国の降伏によって戦争状態は終息し、その後は米ソによる東西冷戦、そして

16~21世紀の歴史年表

	世界		日本	
16世紀	1517	宗教改革	1543	鉄砲伝来
	1534	イギリス国教会成立	1560	桶狭間の戦い
	1598	ナントの勅令	1600	関ヶ原の戦い
17世紀	1618	三十年戦争	1603	江戸幕府開府
	1642	ピューリタン革命		
	1648	ウェストファリア条約		
	1688	名誉革命		
18世紀	1701	スペイン継承戦争		
	1740	オーストリア継承戦争		
	1776	アメリカ独立宣言		
	1789	フランス革命		
19世紀	1815	ワーテルローの戦い		
	1853	クリミア戦争	1853	ペリー来航
	1861	アメリカ南北戦争		
	1870	普仏戦争	1867	大政奉還
			1894	日清戦争
20世紀			1904	日露戦争
	1914	第一次世界大戦	1914	第一次世界大戦
	1917	ロシア革命		
	1919	ヴェルサイユ条約		
	1939	第二次世界大戦	1941	太平洋戦争
	1948〜1973	第一〜四次中東戦争		
	1991	ソ連崩壊		
21世紀	2001	アメリカ同時多発テロ		
	2014	ロシアがクリミアを編入	2011	東日本大震災

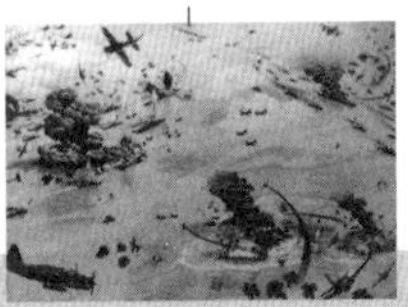

ソ連崩壊後はアメリカ主導のグローバリゼーションの時代へと歴史は移行したかのように思われました。しかし二一世紀の今日、ナショナリズムや帝国主義が再び世界を覆いつつあります。その様子を見て、前世紀の遺物が墓場からよみがえったかのように感じる人もいるかもしれませんが、その認識は間違っています。ナショナリズムも帝国主義も決して終止符を打たれたわけではなかったのです。世界大戦はいまなお継続しているし、二〇世紀はいまだ続いていると言っても過言ではありません。

このように世界や歴史を捉え直したとき、我々に与えられた課題は自明となります。それはつまり、この〝長い二〇世紀〟を「人類の輝かしき発展と進歩の時代」と考えるのはやめにして、再び原点に戻ること――つまり一九世紀、いや、ウェストファリア条約の時代（第二章四三頁参照）にまで戻って、人類の抱えている諸問題の実態を正確に把握しなければならないということです。

現在起きているさまざまな事象の、根底にある問題は何なのか、その本質は何なのか――単に新しい情報を追いかけているだけでは、それらをつかむことはできません。そこで必要になってくるのが「教養の力」であり、それを支える「真の読書」とでも言うべきものなのです。

＊

ではいったい、私たちは今どのような本を読むべきなのでしょうか。

私たちは現在、二種類の本にアクセスできる環境にあります。一つは「紙の本」であり、もう一つは「電子書籍」です。そして結論から言えば、教養を身につける読書は、あくまで紙の本を中心に据えるべきでしょう。

なぜなら、私は日本における電子書籍の普及期はまだ先だと思っているからです。現在の日本の電子書籍環境は、きわめて貧弱です。欧米に比べると、古典名著のみならず、教科書や学習参考書もほとんど電子化されていない。それもあって電子書籍リーダーは知的ツールというよりも、むしろ漫画を読む道具として愛用されているように感じます。

そこで本書の前半では、ホブズボームやトレルチ、レーニンなど、紙の本でしか読めない古典名著を取り上げながら、現代世界が抱える危機の構造を読み解いていきます。この前半部分を読むだけで、現在の国際情勢や国家・権力の本質を捉える基本的な視座を獲得できるようになっています。

そのうえで、本書の後半では、電子書籍の活用法を考えてみたいと思います。たしかに電子書籍だけでは、教養に必須とされる名著にアクセスできません。しかし、それでもなお、電子書籍には利点があります。

その第一は、反語に聞こえるかもしれませんが、「ネット断ち」をするのに電子書籍リーダーほどいいものはないということです。ことにキンドル・ペーパーホワイトのような電子インク型のリーダーは表示がモノクロであるし、通信速度も表示速度も遅い。動画など、もちろん見ることもできません。しかし、こういう「欠点」がむしろ、今のようにありとあらゆるところでネット接続が可能な時代においてはプラスに働きます。それは電子書籍リーダーを使うことで、読書に集中せざるをえない環境をつくることができるからです。

第二に、電子書籍は携帯図書館として使用できるということです。つまり、常に参照したい本や読み返したい本は電子書籍でも手に入れておき、それを自分の「情報源」「記憶庫」として用いるという方法です。

それと、押さえておかなければいけない最新のベストセラーなどは、電子書籍で斜め読みして終わりにする。もし、そのなかで面白いと思ったデータやエピソードがあれば、そこをブックマークしておき、ビジネストークやプレゼンテーションで必要になれば、その都度、それを電子書籍から引っ張りだせばいい。そういう情報はわざわざ自分の頭のなかに蓄《たくわ》えておく必要はないのです。

これが電子書籍の登場以前でしたら、自分が最近読んだ本をすべて持ち歩くわけにもいかないので、抜き書きをつくるか、あるいは記憶しておかなければなりませんでした。しかし今の時代は、そのようなことをする必要がありません。極端な話、ブックマークをする必要もない。なぜなら、全文検索すればすぐに取り出すことができるからです。

そういえば、かつて速読術というのが流行《はや》りました。あれは本を「読む」のではなくて、ページ全体をグラフィックメモリに落とし込んでしまうというメソッドで、時間のないビジネスパーソンには重宝《ちょうほう》がられました。しかし、今はそうした「術」を体得するまでもないのです。

第三に、語学の学習ツールとして電子書籍は非常に有効です。教養人として必要な英語力とは、日常会話ができるような力ではありません。質の高い英文を読みこなす力が、教養英語の必須条件になります。ですから、教養人の英語を身につけたければ、英語の本を数多く読むことから始めなければなりません。そのためのツールとして、辞書を内蔵している電子書籍は利用価値が高いのです。

こうした電子書籍の利点に着目して、本書では基本的な電子書籍の活用法、電子メディアを用いた情報収集術、英語学習法などを解説しました。これらの技法を取り入れれば、書籍から吸収した知識や教養が、より効果的に定着するようになるはずです。

長い戦間期を経て、世界大戦が再燃しかねない今日の危機の時代にあって、何よりも重要になってくるのは広く情報を知ることではなく、「どれだけ教養という井戸を、深く掘っていけるか」ということです。これからの時代を背負う若い人々には、ぜひ教養という井戸を深掘りしていってほしい。本書がその役に立てば幸いです。

第一部 「危機の時代」に備えよ

第一章 「世界大戦」は終わっていない

「長い一九世紀」と「短い二〇世紀」

イントロダクションでも紹介したイギリスの歴史学者エリック・ホブズボーム（一九一七〜二〇一二年）は、フランス革命が始まる一七八九年から、第一次世界大戦が勃発する一九一四年までの時代を「長い一九世紀」とし、一九一四年からソ連が崩壊する一九九一年までを「短い二〇世紀」と呼んでいます。

なぜ、一七八九年から一九一四年までが「長い一九世紀」なのか——それはこの時代が「啓《けい》蒙《もう》思想の時代」だからです。啓蒙思想とは、理性を用いて知識を増やし、科学技術を発展させれば理想的な世の中が実現するという考えのことです。

一七世紀後半のヨーロッパでは、近代科学の確立とともに、合理性を重んじる思考や思想が他の学問分野にも浸透していきました。啓蒙主義の学者たちは、理性に絶対的な信頼をおき、教会や絶対主義国家を支える権威や思想・制度・習慣を批判し、新たな社会秩序を構想していきます。

しかし、その「理性を尊重すれば、理想的な社会をつくることができる」と考えるヨーロッパの近代精神にとって、あってはならない大規模戦争が勃発しました。それが二〇一四年に、勃発からちょうど一〇〇年目を迎えた第一次世界大戦です。

一七八九年のフランス革命以来、政治的には「民主主義」と「自由主義」が、経済的には自由経済を基盤とする「資本主義」が発展してきました。これからの社会は、より豊かな方向へと着実に進歩していく――そう信じられていたのですが、理想の社会は実現されず、啓蒙の思想は第一次世界大戦の「大量殺戮《さつりく》・大量破壊」へと帰着することとなりました。ホブズボームは、ここに「時代の切れ目」を見いだしたのです。

『**20世紀の歴史**――極端な時代』（上・下巻）
エリック・ホブズボーム著、河合秀和訳／三省堂

「日本語版への序文」より● マルクスの言う「資本主義の矛盾」を克服し、少なくともそれを軽減していく二つの主要な計画は、社会主義と改良資本主義――経済管理と福祉国家――によって社会的不満を緩和する計画だった。その両者は、それが一九一七年から一九六〇年代にかけて導入された形態においては、ともに失敗し、今日では少なくとも拒否されている。

過去の歴史を検証するうえで、ホブズボームのように時代を「意味の固まり」として捉える見方は非常に重要です。一九世紀、二〇世紀という区分に囚《とら》われていると、時代の本当の姿を見誤ってしまいます。

ホブズボームは、『市民革命と産業革命――二重革命の時代』（岩波書店）、『資本の時代 一八四八～一八七五』『帝国の時代 一八七五～一九一四』（ともにみすず書房）という三部作で「長い一九世紀」を描いたのち、『**20世紀の歴史――極端な時代**』で「短い二〇世紀」の展開を綴っています。

この四作は高校生程度の読解力があれば、読み進めることは難しくありません。しかも文句なしに面白い。とっつきやすいホブズボームの著作は、近現代史の格好の入門書として推薦したい本です。

この章では、一九九四年に刊行（邦訳版は九六年刊行）された、ホブズボームの『20世紀の歴史』をテキストとして、「現代はどのような時代なのか」という問題を考えていきたいと思います。

「短い二〇世紀」の構造

まずホブズボームは、この本のなかで「短い二〇世紀」を、「破局の時代」「黄金時代」「危機の時代（＝危機の二十数年）」の三期に分けて説明しています。

「破局の時代」は、一九一四年の第一次世界大戦勃発から第二次世界大戦が終わる一九四五年までを指しています。この二つの戦争は、文字どおり地球規模の「世界大戦」であり、かつてない大量殺戮と大量破壊をもたらしました。ただしホブズボームは、第一次世界大戦と第二次世界大戦を二つの戦争と区別せず、二〇世紀に起こった「三一年戦争」として捉えます。この三一年戦争が破壊した「一九世紀の西欧文明」について、ホブズボームは次のように簡潔にまとめています。

この文明は経済においては資本主義的であり、法的、憲法的な構造においては自由主義的であり、それに対応する指導的階級の人物像はブルジョワであった。その文明は科学、知識、教育の発展、物質的、道徳的な進歩を賛美し、科学、芸術、政治、産業に生じた革命の誕生の地であるヨーロッパが世界の中心であると深く確信していた。そのヨーロッパの経済が世界の大部分に浸透し、その兵士たちが世界の大部分を征服し従属させた。その人々は人類の三分の一を占めるまでに増大し（ヨーロッパから出ていく移民とその子孫が大量に、かつますます多く流出していくのまで含めて）、そしてヨーロッパの主要列強が世界政治システムを構成していたのである。（『20世紀の歴史』上巻、一一頁）

こうした「長い一九世紀」を通じて形成された「自由─資本主義」社会を、瀕死の状態に陥れたのが「破局の時代」です。この時代、一九一七年のロシア革命によってソ連という共産主義国家が生まれ、戦間期にはナチズムも登場しました。ホブズボームは言います。

そして一九世紀の自由─資本主義のもっとも注目すべき成果である単一の普遍的な世界経済の創造が、逆転させられたかのように見えた。戦争と革命を逃れたアメリカでさえもが、崩壊は間近いように見えた。経済はよろめき、他方でファシズムとその衛星的な権威主義的運動と体制が登場し、自由─民主主義のさまざまな制度は一九一七年から一九四二年にかけて、ヨーロッパの周辺、北アメリカとオーストララシア（オーストラリア、ニュージーランドと、その

近海の諸島）の各部分を別とすれば事実上全世界から消滅したのである。（同書上巻、一一二頁）

一九二〇年には選挙によってつくられた政府を持つ国が三五カ国以上（いくつかのラテン・アメリカの共和国をどのように分類するかによって国の数は変わる）も存在したのに、一九四四年には地球上の総計六四カ国中およそ一二カ国になるほど、この時代に自由主義は後退してしまったのです。

世界大恐慌の衝撃

戦間期で忘れてはならないのが、一九二九年に起こった世界恐慌です。前代未聞の大量失業者を生み出したこの世界恐慌で、資本主義経済は壊滅的な打撃を受けました。そんななか、ナチス・ドイツは「失業をなくすことに成功した、ただ一つの国家」となり、ソ連は新しい五カ年計画のもと「大規模工業化」を実現しました。ホブズボームは、世界恐慌がなければヒトラーは存在しなかったし、ソヴィエト体制は資本主義に対するまじめな競争相手には、およそなりえなかっただろうと説明しています。

このように、一九世紀では輝かしい理念だった民主主義や資本主義は、戦間期を通じて崩壊の危機にさらされていたのです。ただ皮肉なことに、資本主義国家の危機を救ったのも、実はソ連でした。ソ連の存在がなければ、現代のヨーロッパは「権威主義とファシズムを主旋律にしたものとなっていたであろう」とホブズボームは言います。「自由―資本主義」と「共産主義」は、水と油の関係です。しかし、第二次世界大戦において、和解しがたい両者が一時的に手を結んだことで、ナチス・ドイツに勝利することができたのです。

ヒトラーを敗北させた共産主義国ソ連は、戦後にアメリカと並んで超大国の一つになりましたが、「ソ連型経済」が資本主義に匹敵するモデルとして評価されたのは、戦間期の大恐慌で優位性を示すことができた点が非常に大きかったと言えます。また戦後、社会主義は資本主義の自己改革を促す役割も担っていました。

第二次世界大戦後の、アメリカ中心の資本主義陣営と旧ソ連中心の共産主義陣営との間で続いた対立関係――いわゆる「冷戦」下である一九四五年から一九七三年にかけて、資本主義陣営は前例のない経済的繁栄を迎えました。それが「黄金の時代」です。

先進国が飛躍的な経済成長を遂げた「黄金の時代」は、同時に福祉国家の時代でもありました。国家の大規模な公共事業や手厚い社会福祉のもと、失業率は低下し、多くの労働者が豊かな生活を享受できるようになりました。日本の高度経済成長時代も、この時期にあたります。

しかし「黄金の時代」は、長くは続きません。時代に終止符を打つきっかけとなったのが、一九七三年のオイルショック（石油危機）です。

オイルショックの背景には、イスラエルとアラブ諸国との中東戦争があります。七三年の第四次中東戦争（ヨム・キプール戦争）を契機に、ＯＡＰＥＣ（アラブ石油輸出国機構）がイスラエル支援国に対して原油価格を大幅に引き上げたせいで、先進国の経済に大混乱が生じました。その混乱は一時的なものにとどまらず、この時期から世界的な不況が始まります。先進国の経済成長は翳《かげ》りを見せ、福祉国家政策も行き詰まりました。オイルショックのあった七三年から九一年の共産主義体制の崩壊を経て、九四年に至るまでが「危機の二十数年」——すなわち「世界が方向感覚を失い、不安定と危機に滑り込んでいく」時代です。

「危機の二十数年」に何が起きたのか

具体的に「危機の二十数年」の内実を見ていきましょう。

経済的には、福祉国家の行き詰まりにより「新自由主義」が主導権を握っていきます。新自由主義とは、政府による社会保障や再分配を極力排し、企業や個人の自由競争を推進することで、最大限の成長と効率のいい富の分配を達成するという経済学的な立場を指します。

一九八〇年代は、イギリスのマーガレット・サッチャー政権、アメリカのロナルド・レーガン政権、日本の中曽根康弘政権など、新自由主義的な政権が次々と誕生した時代でした。この新自由主義が二〇一四年の現代に至るまで、グローバリゼーションと結びつきながら、巨大な格差を生み出し続けていることは、今さら説明するまでもないでしょう。

この格差の拡大が、労働者階級の分裂——ひいては政治的空白地帯を生み出したのだと、ホブズボームは指摘しています。

経済的な困難の時期には、有権者はどのような政党や体制であれ、ともかく政権についているものを非難する傾向があることはよく知られているが、危機の二十数年の新しさは、政府にたいする反発が必ずしも既存の野党勢力の有利にはならないという点にあった。主要な敗者は西側の社会民主主義政党ないし労働党であった。これらの党が支持者を満足させる主要な手段——自国政府による経済的、社会的な行動——がその力を失い、支持者の中心的なブロックである労働者階級が分断されてしまったからである。新しい超国家的経済においては、国内の賃金は以前よりもはるかに直接的に外国との競争にさらされ、政府が国内の賃金を守る力ははるかに小さかった。（同書下巻、一九二頁）

つまり新自由主義の浸透とともに、労働者は安定した職に就《つ》いている中・上流層と不安定な下層に分裂し、その結果、従来の左翼政党が求心力を失ってしまったというのです。その政治的空白を埋める政党のなかで、「もっとも大きい成長の可能性を示している新しい政治勢力は、大衆主義的な煽動政治と、指導者個人を高度に前面に押し出す手法と、外国人にたいする敵意とを結合しているような勢力であった」というホブズボームの指摘は、現在にもそのまま当てはまります。

「危機の四十数年」から浮かび上がる仮説

「危機の二十数年」に対するホブズボームの診断は、決して明るいものではありません。

一九九一年にソ連が崩壊したことで、ソ連型社会主義が無効であることは明らかになりましたが、新自由主義経済もまた「その結果は経済的にははなはだ悪く、社会的、政治的には破滅的なものに終わった」とホブズボームは指摘しています。さらにホブズボームは、グローバル経済が国家と制度を解体していくなか、「知的な無力感」が「絶望的な大衆感情」と結びついて、政治的に強い力となっていることにも危惧の念を抱いています。同書が刊行されてから現在まで、さらに二〇年の歳月が経過しました。しかしホブズボームの時代診断は、世紀をまたいだ二一世紀においても、ほとんどそのまま適用できるのです。

このような視点から、「短い二〇世紀」とそれに続く現代とを問い直してみると、一つの仮説が浮かび上がってきます。それは『短い二〇世紀』は、まだ終わっていないのではないか」という仮説です。一九一四年から始まった「短い二〇世紀」のなかで、五〇年代、六〇年代の「黄金の時代」という特殊な時代はありましたが、時代の基調は一貫して「危機の時代」だったのではないか――つまり第一次世界大戦をもたらした啓蒙の闇は、現代をもなお覆い続けているのではないか、ということです。

ウクライナ危機――第一次世界大戦前夜へと回帰する世界

折しもこの二〇一四年に、世界は第一次世界大戦前夜を彷彿《ほうふつ》させる危機に見舞われました。それが、ウクライナを巡るロシアとアメリカ・ＥＵの対立です。

まず、今回のウクライナ危機について、簡単にまとめておきましょう。

二〇一四年二月二二日、ウクライナ議会は所在不明のヴィクトル・ヤヌコビッチ大統領を解任し、翌二三日、オレクサンドル・トゥルチノフ議会議長を大統領代行に指名しました。これをもって、ヤヌコビッチ政権は事実上崩壊したわけです。

ウクライナ情勢が不安定化した直接のきっかけは、二〇一三年一一月二一日、ヤヌコビッチ大統領が、それまで進めていたＥＵとの経済連携強化の協定交渉を突然中止し、ロシアとの関係を強化する方針を表明したことです。この方針転換に反発する十数万人規模の反政府集会やデモが連日続き、治安部隊との衝突も激化。多数の死者も出たことで、事態は緊迫の度合いを高めていきました。

二〇一四年二月二一日、ヤヌコビッチ大統領は、事態の打開を図るため野党側に譲歩し、大統領選を前倒しで実施することに合意しました。しかし反政府派のデモは収束せず、ついには首都キエフを掌握します。その後、ヤヌコビッチ大統領は行方不明となり、最高議会は大統領不在で解任決議を行い、政権崩壊へと至ったのです。

このウクライナでの「革命」に続き、三月一六日には、ウクライナのクリミア自治共和国で住民投票が行われ、クリミアのロシア編入が支持されました。この結果を受けて三月一八日、ロシアはクリミアの編入を決定します。さらに四月に入ると、ウクライナ東部で親ロシア派勢力が地方政府の地元政府庁舎を占拠し、分離独立を主張しました。クリミアと同じようにロシアへの編入を問う住民投票実施を求める動きが広がっていったのです。

それに対して新政権は治安部隊を投入し、親ロシア派武装勢力の強制排除を続けています。本書を執筆している時点（二〇一四年七月二四日）でも、危機は深まっており、事態が打開される見通しは立っておりません。さらに二〇一四年七月一七日には、ウクライナ東部でマレーシア航空機が撃墜され、乗客・乗員二九五人が死亡するという痛ましい事件が起きました。親ロシア派武装集団が民間機であると気づかずに地対空ミサイルで撃墜したようです。これで米露関係は東西冷戦終結後、最も冷え込むことになりました。ウクライナの東部・南部で起きている事態は事実上の戦争です。

ウクライナ情勢を解く鍵

ウクライナ危機は連日、新聞やテレビで報道されています。しかし、この問題の本質を理解するには、ウクライナの歴史・文化的背景を知らなくてはなりません。ここで、最も重要な問題に絞って、ウクライナ情勢について解説しておきましょう。

ウクライナの地理的状況

クリミア半島南西部の軍港都市・セバストポリはロシア黒海艦隊の主要基地となっており、ロシアにとって手放すことのできない地域である。

今回の問題の本質を理解する鍵は、ウクライナ人が持つ「複合的アイデンティティ」にあります。ウクライナは「西部」と「東部・南部」「クリミア」それぞれで、民族意識が大きく異なります。

ロシアに編入されたクリミア自治共和国ではロシア語を話す人が圧倒的で、ウクライナ語はほとんど使われていません。また住民投票の結果からも明らかなように、住民の九割以上がロシアへの編入を希望しています。

そして現在、親ロシア派が建物を占拠している東部・南部地域は、クリミアほどではないものの、ロシア語を日常的に話す住民が多数派を占めています。宗教もロシアと同じ「ロシア正教」です。ロシア正教とは、イコン（聖画像）崇拝や厳格な修道制を特徴とする、東ローマ帝国内のキリスト教である「東方正教会」の一派です。これら東部・南部地域の民族意識は未分化で、「ウクライナ人」「ロシア人」という自覚が曖昧です。「民族など気にしなくても生活できる」というのが、ロシア語を常用する住民の標準的な意識なのです。

クリミアや東部・南部地域に対し、西部（特にガリツィア地方）のウクライナ人たちは、「我々は断じてロシア人ではなく、ウクライナ人である」という強烈な民族意識を持っています。ガリツィア地方では、イコン崇拝や下級聖職者の妻帯を許可するなど、外見はロシア正教と似ていますが、ローマ教皇（法王）の指揮監督下に入ったユニエイト教会（東方帰一教会、東方典礼カトリック教会とも）の信者が多数派です。

したがって、ウクライナの西部と東部・南部では、ロシアに対する距離感がまったく異なるのです。西部の民族主義者たちが、ロシアからの影響を排除し、EUとの連携強化を目論《もくろ》んでいるのに対して、東部・南部はロシアに強い親近感を示しています。ウクライナからの分離独立にも、肯定的な住民が多数存在しているのです。そして、今回のウクライナ政変を牽引《けんいん》してきたのは、西部の民族主義者たちでした。

そこにロシアが軍事介入するような事態になると、ウクライナ系とロシア系の民族衝突が発生します。今はまだ民族意識が未分化な人々も、いずれどの民族に帰属するかの決断を余儀なくされてしまう可能性がある。この民族衝突はウクライナ人が約三〇〇万人（二〇〇一年国勢調査）住んでいるロシアにも飛び火します。もしロシア国内で、ロシア人とウクライナ人の間に深刻な民族対立が発生すれば、ロシアのみならず、ユーラシア地域の情勢をも著しく不安定化させてしまうでしょう。

「ユーラシア地域の火薬庫」と「ヨーロッパの火薬庫」の相似性

このような複合的なアイデンティティを抱えるウクライナの危機は、対処を誤れば第三次世界大戦の発火点となる危険性を孕《はら》んでいます。今やウクライナは、「ユーラシア地域の火薬庫」と呼ぶべき様相を呈しているのです。そして、このウクライナを巡る対立構図は、否が応でも第一次世界大戦前夜を思い起こさせます。

第一次世界大戦において「火薬庫」と呼ばれたのは、ヨーロッパのバルカン半島でした。一九世紀末はオスマン帝国の衰退が決定的になる時代であり、ヨーロッパ列強の対立がオスマン帝国を舞台に深まっていく時代でした。

一八七七年の露土《ろと》戦争において、南下政策をとるロシアにオスマン帝国が敗れた結果、ルーマニア、セルビア、モンテネグロがオスマン帝国から独立しました（ベルリン条約）。この敗戦で、オスマン帝国はバルカン半島の領土の大部分を失います。さらに一九〇八年には、オーストリアがボスニア・ヘルツェゴビナを併合しますが、ボスニア・ヘルツェゴビナにはスラブ民族であるセルビア人住民が多く、セルビアはこの併合に反発します。

大まかに言えば、オスマン帝国の衰退後のバルカン半島の危機は、ロシアをリーダーとする

「汎《はん》スラブ主義」と、ドイツ・オーストリアを中心とする「汎ゲルマン主義」との民族的な対立と捉えることができるのです。

一九一四年六月二八日、この火薬庫に一人のセルビア人青年が銃弾を撃ち込みました。この日、ハプスブルク帝国（オーストリア＝ハンガリー二重帝国）の皇太子フランツ・フェルディナント夫妻が、サラエヴォ（当時オーストリア領、現ボスニア・ヘルツェゴビナ）でセルビアの国粋主義の青年によって暗殺されたのです。

このセルビア人青年は、ボスニア内で反オーストリアを掲げ、南スラブ統一を求める秘密結社「青年ボスニア」の一員だったと言われています。さらにその背後には、セルビア内で反オーストリアと南スラブ統一を掲げる「黒手組《くろて》」というテロ組織の存在がありました。

この事件がきっかけとなってオーストリア側はセルビアに最後通牒を突きつけ、それが受け入れられないとすぐさま宣戦布告しました。

ここからドミノ倒しのように、戦争は拡大していきます。

セルビア側にロシアがついて、軍隊に総動員令を発令すると、今度はオーストリアの同盟国ドイツがロシアとその同盟国フランスに宣戦布告します。さらにドイツが永世中立国ベルギーに侵入したことを理由に、イギリスがドイツに宣戦布告し、日本も日英同盟を理由に参戦しました。

開戦当初は、誰もが数カ月で戦争は終わると楽観していました。しかし、上記のように「大

バルカン半島の変遷

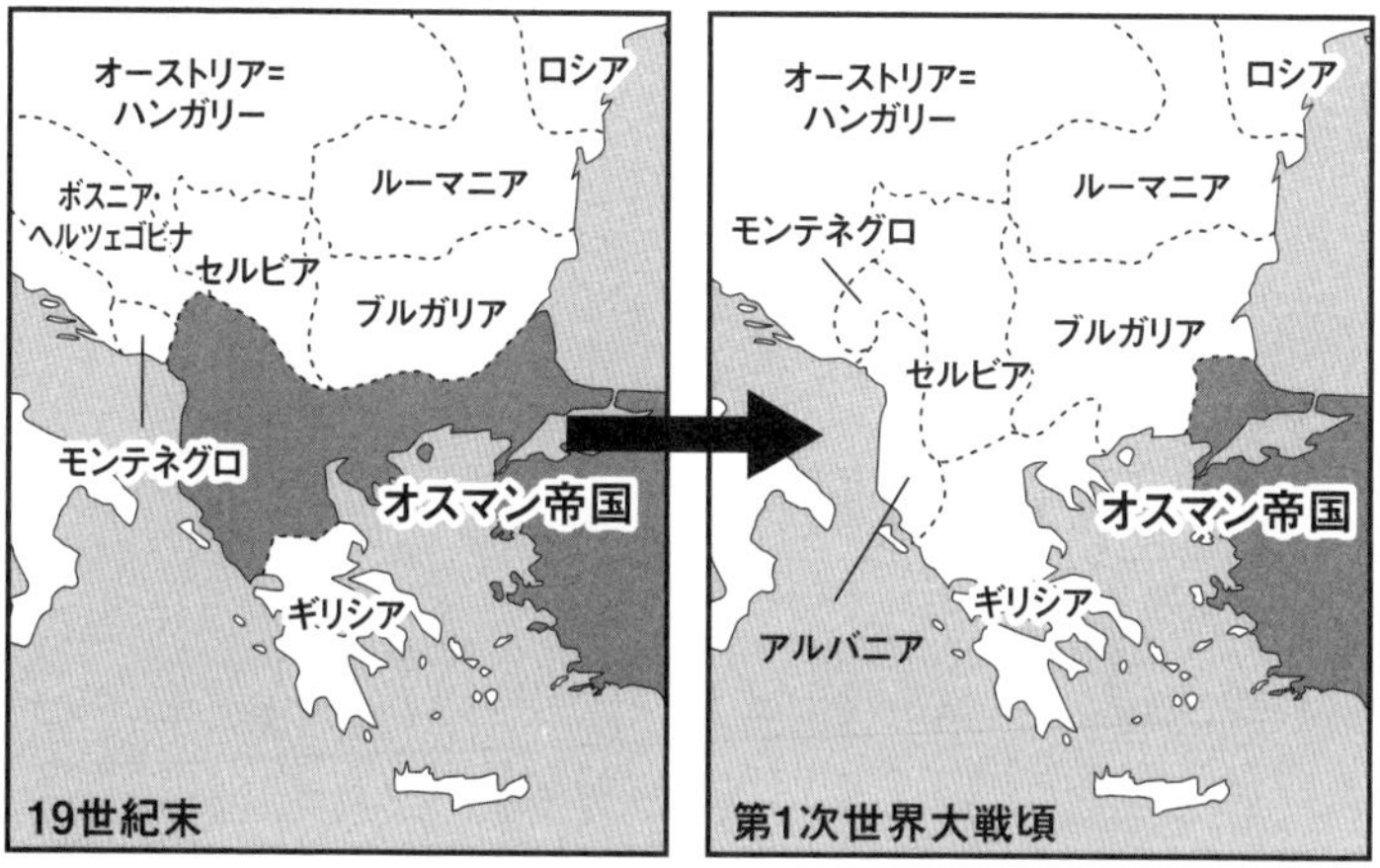

1913年5月のロンドン条約で、オスマン帝国はイスタンブル周辺をのぞくバルカン半島のほとんどを割譲した。その後、バルカン半島での勢力変動が列強の対立をさらに深化させたので、この地域は「ヨーロッパの火薬庫」と呼ばれるようになった。（山川出版社『詳説 世界史』をもとに作成）

戦」へと拡大したことで戦局は泥沼化し、ようやく一九一八年一一月に終結を迎えたのです。

啓蒙の闇と向き合うために

「ヨーロッパの火薬庫」だったバルカン半島に、民族主義者の凶弾が撃ち込まれたことで、誰もが予想しなかったような大戦が勃発した――それと同様の危機が、現在ウクライナを包み込んでいます。

ここまで説明すれば『短い二〇世紀』は、まだ終わっていないのではないか」という仮説の意味も理解していただけるでしょう。

ホブズボームは、第一次世界大戦と第二次世界大戦を「三一年戦争」というひと続きの世界大戦として捉えました。この見方に私も同意しますが、話はそれだけでは終わりません。同時に私たちは、「三一年戦争」の延長線上の時代を生きていると言えるのです。だとすれば私たちは、再び啓蒙の闇と向き合わなければなりません。

第一次世界大戦のインパクトから、人間の思考は根本的に変わってきました。本書では触れませんが、カール・バルトの弁証法神学であるとか、マルティン・ハイデガーの存在論哲学であるとか、クルト・ゲーデルの不完全性定理であるとか、アルバート・アインシュタインの相対性理論、ヴェルナー・ハイゼンベルクやエルヴィン・シュレーディンガーの量子力学などが登場して、思考の枠組みが大きく変わりました。ファシズムにしても、近代的なシステムのなかで原子化する個人を束《たば》ねて、人間の本来性を取り戻す問題意識からスタートした政治運動だったのです。

ところが第二次世界大戦で、アメリカが巨大な物量によって勝利を収めてしまう。アメリカはヨーロッパと違って、二度の世界大戦を経てもまだ啓蒙の精神が盛んで、非合理な情念が人間を動かすという感覚をよくわかっていませんでした。そのため、啓蒙思想や合理的思考がもたらす負の帰結に対して洞察が働かず、問題が先送りにされてしまいました。アメリカ型の啓蒙精神は、第一次世界大戦後のヨーロッパ知識人が格闘した啓蒙の闇の問題を覆い隠してしまい、その影響が二一世紀の現在まで続いてしまっているのです。

そして、そのツケが現在、格差問題や貧困、排外主義、領土問題、民族紛争といった形で「四十数年の危機」として浮上してきました。私たちはいま一度、第一次世界大戦後の知識人たちと同じように、「啓蒙思想や合理的思考がもたらす、負の帰結とは何か」という問題意識を持って、時代を考察しなければなりません。

そこで必要となってくるのが、啓蒙思想や合理的思考を生み出した「近代」というものを理解することです。そのための格好のテキストとして、ドイツの神学者エルンスト・トレルチの著書『ルネサンスと宗教改革』（岩波文庫）と、論文「近代精神の本質」（『トレルチ著作集10――近代精神の本質』収録、ヨルダン社）が挙げられます。トレルチは、文化史・宗教社会学の分野で大きな業績を残しましたが、本来の専門はプロテスタント神学です。このトレルチは、日本でも有名な社会学者マックス・ウェーバーのプロテスタンティズム理解に強い影響を与えた人物です。

次章では、トレルチのテキストを読みながら「近代」について考えていきましょう。

第二章 はたして「近代」は存在したのか

近代という時代区分

そもそも近代という時代は、いつから始まるのでしょうか。

最近のアカデミズムでは、歴史に中世とか近代といった時代区分を設けることに批判的です。なぜなら、その時代区分自体がヨーロッパ中心史観にもとづくものなので、そのようなものに囚われていては、歴史を正しく読み解くことができないと考えるからです。

しかし、だからといって安易に近代を批判したり、近代の超克を議論したりしているだけでは、現代社会の問題に対応するための処方箋を見いだすことはできません。民主主義であれ、資本主義であれ、それらは近代が生み出したものです。ですから民主主義、あるいは資本主義の危機を正確に考察するには、「近代とは何か」という問いを深く掘り下げなければならないのです。

前章の末尾で紹介したエルンスト・トレルチ（一八六五～一九二三年）は、近代という時代の特徴を徹底的に考えることによって、近代が抱える困難の正体を解き明かそうとしました。ホブズボームが近代を、「長い一九世紀」と「短い二〇世紀」という意味の固まりとして分けたように、トレルチもまた従来とは異なる見方で捉えます。この章ではトレルチの著作をもとに、近代について考えていきたいと思います。

「ルネサンス」「宗教改革」は近代か？

まず、こんな問いから始めてみましょう。「ルネサンス」や「宗教改革」は中世の出来事でしょうか、それとも近代の出来事でしょうか。

ルネサンスは一般的に、一四～一六世紀のイタリアを中心にヨーロッパで起こった芸術・文化の革新運動と説明されます。一方、宗教改革は一六世紀のヨーロッパで起こった反カトリックの宗教運動です。その具体的な展開は世界史の教科書に書かれていますので、この二つの事象をまったく知らないという人は、必ず確認しておいてください。なお私自身は、宗教改革の起源はボヘミア（現チェコ）の宗教改革者ヤン・フス（一三七〇年頃～一四一五年）と一五世紀のチェコ宗教改革であると考えます。フスの宗教改革については、拙著『宗教改革の物語――近代、民族、国家の起源』（角川書店）を参照してください。

冒頭の問いに戻ると、トレルチが生きた時代では、ルネサンスを近代の始まりとすることが半ば知識人の常識になっていました。現在でも、高校世界史の教科書のなかには、ルネサンスと宗教改革を近代の出発点として位置づけているものが多い。しかしトレルチは、この見方に異論を唱えます。つまり、ルネサンスも宗教改革も、近代の決定的な転機だとは捉えていないのです。

なぜでしょうか。そもそもルネサンスが一四世紀のイタリア・フィレンツェから始まったのは、フィレンツェが金融都市として栄えていたからです。たとえばフィレンツェの財閥メディチ家は、金融業によって巨万の富を築き上げ、芸術家や学者に多額の援助を行いました。こうした富豪のスポンサーの財力をバックにしたルネサンスの特徴を、トレルチは「いささかも新しい原理、新しい社会、新しい国家組織の創造を意味するものではなく、むしろ権勢・利欲をほしいままになしうるその力量によって、一切の既成権力・諸関係を利用しつくすというだけのものにすぎない」と著書**『ルネサンスと宗教改革』**のなかで指摘しています。

ルネサンスには、たしかに中世の教会倫理に疑問を突きつけ、自由な人間性を称揚するという側面がありました。ただ、それは貴族階級を中心としたごく一部の出来事であり、近代の主権国家システムや産業資本主義の勃興に直接結びつくわけではありません。トレルチは同書で、次のようにも述べています。

しかしながら結局ルネサンスは、イタリアの小さな諸王朝もしくは領邦国家との関係において、もっぱら貴族階級、貴族主義の文化となったのであって、このような文化を必要とするのは世間的教養人だけであり、一般の民衆にとって、すなわち全体状況にとってみれば、狭苦しい古い諸関係、ことに教会と教会支配、が原理的には古い状態のまま置かれていたのであった。（『ルネサンスと宗教改革』一五六〜一五七頁）

宗教改革は近代の出発点か？

一方トレルチは、ルネサンスと比べると宗教改革の意義を積極的に評価しています。ルネサンスの貴族主義的な性格に比べて、「宗教改革は一個の強力な宗教的、道徳的活動として国民の生活の全体に革新をおよぼしたという点で、およそルネサンスにはみることの出来ない独自の積極的な諸力をもっている」と述べていることからも、そのことは明らかです。

しかし、注意しなければいけないのは、宗教改革とは、まずもって「聖書に戻れ、原始キリスト教に戻れ」という復古主義運動だったことです。

一六世紀、当時のローマ・カトリック教会の教皇が贖宥状《しょくゆうじょう》（罪の償いを軽減する証明書。いわゆる「免罪符《めんざいふ》」）を販売したのに対して、ドイツのヴィッテンベルク大学教授で修道士であるマルティン＝ルター（一四八三〜一五四六年）は、「贖宥状を買うだけで、神の罰が解消されるはずは

『ルネサンスと宗教改革』
エルンスト・トレルチ著、内田芳明訳／岩波文庫

「解説」より●　だからルネサンス人は《社会学的にみれば（権力）寄生的存在たらざるをえない》。ルネサンスが「社会学的形成の推進力」（＝エートス）という点で宗教改革に比較して問題にならぬほど弱いのはまさにここに理由がある。

ない」と批判し、聖書を拠《よ》りどころにした信仰の重要性を説きます。このルターの批判に始まったカトリック教会への批判運動が、やがてカトリック（旧教）と対立するプロテスタンティズム（新教）を生み出していったのです。

宗教改革についてのトレルチの説明を読んでみましょう。

恩寵と信仰に立脚せる宗教改革のキリスト教が意図したのは、いっそう徹底した力を発揮すべき仮借《かしゃく》なきキリスト教たらんとすることであった。修道士制度や功績主義（Die Überverdienste）を除き、呪術的救済の魔術や司祭職の制度的神格を取り去ることによって宗教改革は、峻厳《しゅんげん》にして完全なキリスト教的理想を万人に押しひろげ、同一の要求を万人に提示しようとした。（同書、五四頁）

では、「宗教改革こそが、近代の出発点である」と考えてもいいのでしょうか。しかしトレルチが「『国家教会《シュターツキルヘ》』としての古プロテスタンティズム」と呼んでいるように、当初のプロテスタンティズムはカトリックと同様に、国家は宗教によって規定されるということを堅持していたのです。したがって、宗教改革当時のプロテスタンティズムから政教分離といった近代的な価値観がストレートに導き出されたわけではないと、トレルチは考察しています。

ウェストファリア条約の重要性

このようなトレルチの見方にしたがえば、ルネサンスも宗教改革も中世的性格を色濃く残すものであり、本当の意味での近代の出発点にはなりえません。では、近代の出発点はどこに求められるのでしょうか。

時代区分を明確に設定することには慎重な態度を示しながらも、トレルチは次のように述べています。

むしろ新しい世界の出発点は、およそ教会的に拘束せられたものをいっさい追放したという点に存する。しかもこのことは、ドイツ、オーストリア、フランス、オランダ、イギリスを舞台に縦横に暴れまわった大宗教戦争の成果なのである。（同書、一五九頁）

すなわちトレルチは、「三十年戦争」を終結させ、およそ教会的に拘束せられたものをいっさい追放した一六四八年の「ウェストファリア条約」こそ、近代の出発点と位置づけているのです。

ここで、基本的な知識を確認しておきましょう。ウェストファリア条約は、現代の国際情勢を読み解くうえでも、常に立ち返らなければならない最も重要な知識です。

三十年戦争やウェストファリア条約の内容を即座に言えない人は、すぐさま高校世界史の教科書をひもといて確認しなければなりません。

要点だけを説明しておくと、一六世紀の宗教改革以降、ヨーロッパの各地でプロテスタント教徒とカトリック教徒の対立・衝突が起き、内戦や戦争が相次ぎました。そのなかでも最大規模の戦争が、神聖ローマ帝国を舞台として一六一八年に始まった三十年戦争です。

三十年戦争は、オーストリア・ハプスブルク領であるボヘミア地方のプロテスタント教徒が、ハプスブルク家によるカトリシズムの強制に対して反乱を起こしたことから始まります。

カトリック教国のスペインは当然、ハプスブルク家すなわち帝国側を支援しますが、プロテスタント教徒側はデンマークやスウェーデンの協力を得て、これに応戦します。さらにフランスのブルボン王朝はカトリック教国ですが、ハプスブルク家と対立していたため、プロテスタント教徒を支援しました。つまり三十年戦争は、カトリシズム対プロテスタンティズムという宗教戦争と、ハプスブルク家対フランス・ブルボン家の対立という二つの側面を持った国際戦争として拡大していったわけです。

この三十年戦争の終戦処理のための講和会議が、一六四八年にドイツ西北部のウェストファリア地方で開かれました。そこで締結された条約が、「ウェストファリア条約」なのです。

このウェストファリア条約により、カトリックとルター派だけでなく改革派（ツヴィングリやカルヴァンの流れを引く新教の一派）の信仰が認められるとともに、ヨーロッパの主権国家体制が確立しました。つまり宗教戦争は終結し、神聖ローマ帝国内の各領邦国家も含めて、それぞれの国が内政権と外交権を有する主権国家として認められたのです。この点を、政治・経済の教科書は次のようにまとめています。

【国際社会の成立と特色】 国際社会が形成されたのは、一七世紀のヨーロッパからであるといわれる。ドイツ三十年戦争の終戦処理のために、ウェストファリア地方で開かれた講和会議（一六四八年）で、ウェストファリア条約が締結《ていけつ》された。この会議には当時のヨーロッパのおもな国々の代表が集まり、たがいに平等で独立した主権を認め合った。一定の領土があり、そこに国民としての一体感を持った人びとが国民国家を形成し、政治的な決定をみずからの手でおこなうことのできる主権を持っていることが、近代国家の定義である。（『詳説 政治・経済』山川出版社、六七頁）

それぞれの国家の「平等で独立した主権」を認め合うのが国際社会です。ロシアのクリミア編入に際して、安倍晋三総理は記者会見で「ロシアがクリミア自治共和国の独立を承認し、クリミアをロシアに編入する条約への署名がなされたことは、ウクライナの統一性、主権および領土の一体性を侵害するものであり、我が国は力を背景とする現状変更の試みを決して看過することはできません」と述べました。この発言の根底には、ウェストファリア条約の考え方があります。「国家主権の尊重」というルールを生んだウェストファリア条約を理解することが重要なのは、この条約が現在の国際社会を形づくる国家体制の出発点となっているからなのです。

近代主権国家の原理

トレルチの議論のポイントは、「ウェストファリア条約によって、国家と教会の分離が決定的なものとなった」ということです。この「教会からの分離」という点を、トレルチは中世と近代の決定的な切れ目として捉えています。

近代的な主権国家は、それまでの国家とはまったく異なる存在です。両者の違いについてトレルチは、論文「**近代精神の本質**」のなかで次のように説明しています。

中世には無数の領主があり、彼らを制約もするがまた逆に強く制約されもする最高の権力(皇帝)があり、さらにこれと並んで、すべての上に立つ教会の宗教的世界帝国があった。教会は封建臣下を擁して自身領主層の一部をなし、しかもなお全体として他のすべての上に位置していた。しかし中世には国民全体の統一的で主権をもつ意志の組織としての国家はなかった。その際誰がこの主権を行使するかはさしあたり問わない。ローマの国家理念の再生、皇帝と王たちの教会に対する闘争、ノルマン＝フリードリッヒ王国およびイタリア僭主政におけるその後継者たちの示した模範、ドイツ・イタリア諸都市の自治政治、最後にルネサンスにおいて新たに生き返った古代の国家理念とヨーロッパの大王朝の上昇への闘い――これらすべてが合してはじめて、外に向かっても内に向かっても最高の地上権力たる主権国家の理念が生ずるのである。（『トレルチ著作集10』一五頁）

『トレルチ著作集10――近代精神の本質』
エルンスト・トレルチ著、小林謙一訳／ヨルダン社

「訳者解説」より● 序論部は近代世界研究の意義と目的（ヨーロッパ近代人の自己理解と行動のため）を明らかにし、次に近代精神を構成する主要素を四つ挙げる。古代、キリスト教、ゲルマン精神、特殊近代的精神である。近代世界はこの四要素の絡み合いから成り立っている。

領主、神聖ローマ帝国の皇帝、ローマ教皇という重層的な権力構造によって成立していた中世の世界に対して、近代国家は「国家こそが、外に向かっても内に向かっても最高の地上権力であることを理念とする」とトレルチは言います。

　このような近代国家を特徴づける原理として、トレルチは「此《し》岸《がん》性」と「合理主義」という二つの概念を挙げています。

「此岸性」とは、「現世的」と言い換えることもできるでしょう。「合理主義」とは、理性による判断を絶対視する態度を指します。

まず、一点目の「此岸性」について説明しましょう。国家は宗教・教会のように「彼岸《ひがん》」（あの世）の領域には踏み込まない。しかし「此岸」である現世においては「生の最高の倫理的価値である」とトレルチは言います。

このトレルチの指摘は重要です。国家は「現世」において、宗教に代わって共同的な目的を供給します。近代は、社会や文化を支配していた宗教的な価値観が薄れていった代わりに、国家を宗教の代用品としてしまうのです。

二つ目の原理である「合理主義」についての説明も見てみましょう。

国家は人間の叡智《えいち》の創造物であり、立法者と政治家の構成物である。（中略）国家は人間の知性と予見の最高の芸術作品であって、人間は大いなる自然の暴力と自然の衝動に翻弄されるあわれな存在であるという原初的感情を拭い去る。（同書、一六頁）

国家が「合理主義の原理」であるとは、次のように説明できます。ウェストファリア条約が締結された一七世紀は「科学革命の時代」と呼ばれています。天動説から地動説への転換、ガリレオ・ガリレイやアイザック・ニュートンらによる力学の基礎の確立など、その後の世界に決定的な影響を与える近代科学が成立したのがこの時代でした。科学革命を通じて中世の教会的世界観は破壊され、さらに、この合理主義の精神は一八世紀に啓蒙思想となり、教会や絶対主義国家を支える権威や思想・制度・習慣に対する強烈な批判を展開していきます。

トレルチの言葉を借りれば、近代科学の精神とは「万事を最小元素とその運動法則から説明する合理主義の精神」となる。そして、この合理主義の精神は科学の世界だけでなく、ありとあらゆる思考や思想にまでおよんでいきました。

民主主義国家の理論とも言うべき「社会契約論」もまた、近代科学の方法論と相似形をなしています。近代科学が自然を原子にまで分解して理解するように、社会契約論も社会を「地域性や歴史性を剝《は》ぎ取った自由で平等な個人」にまで分解し、機械の部品のような個人が相互に契約をすることで、人工的な国家が設立されたと考えるのです。

この社会契約論がアメリカの独立革命やフランス革命の理論的支柱となり、近代的な民主主義国家が成立していきました。ですから、トレルチが言うように、近代国家とは合理主義によってつくられたと見ることができるのです。

近代合理主義が生み出す非合理な力

トレルチの洞察が鋭いのはここからです。トレルチは、「こうした合理主義的な国家像は、不可避的に〝非合理な力〟を生み出してしまう」と言います。

イギリス憲法からアメリカ独立革命やフランス革命を経て国民国家や近代民主主義が成長していくことは、「近代の人類の感情・思考全体の途方もない個人化を意味する」（傍点原著）とトレルチは指摘します。近代市民社会は、自律した個人によって構成されることを前提とする以上、民主主義が成長すれば「個人化」や「個人主義」が進んでいくのも当然です。トレルチは、その個人主義の非合理的な側面に注目しました。

まず、合理的な個人主義とは何か――それは、人間は生まれながらにして平等であるという自然的平等を基礎とする個人主義です。平等な個人とは均質的な個人と言い換えることもできるでしょう。誰もが合理的に思考できる理性を持つので、その理性を適切に使えば、合理的な国家を構成することができると考えるわけです。

それに対して、非合理的な個人主義は「国家の全能に対抗して、信仰と文化の自由を求める欲求に由来する」と、トレルチは言います。個人の内面というものは、決して理性だけで割り切れるものではありません。たとえば、人間の感情や情動は非合理的なものを抱えています。そのため、合理的かつ全能であろうとする国家に対して、内面の自由を守らねばならないという欲求が「非合理的個人主義」を生み出していくわけです。

私は、国家そのものにも非合理的な暴力や自己保存の欲望が潜んでいると考えるので、トレルチの合理主義的国家観は啓蒙思想に引きずられすぎているように思いますが、近代精神に非合理的な個人の力が内在しているとする指摘は、きわめて重要です。

そして、近代合理主義が孕む非合理な力は、資本主義において顕著に現れます。

資本主義は一面で近代人の此岸性と合理性を体現し、他面とっくに廃れたと思われていた従属の形態を、それに対してたえず起こる反動もろとも、よみがえらせるのである。（同書、二七頁）

トレルチによれば、資本主義は「経済的素質を合理的に発展させれば、人間はどんな目標も願望も実現できる」という信仰を生み出すが、その一方で「非人格化の作用」をおよぼします。「非人格化の作用」とは、人間性が損なわれてしまうという意味です。資本主義は個々人をただの企業家または労働力としか見ず、これらを「資本」という抽象物の仮借なき論理にしたがわせてしまうのです。

近代を学ぶ理由

民主的な国家と資本主義は、近代的合理主義を基盤に発展してきました。しかし、国家も資本主義も、かつての教会が果たしていたような、個人の非合理的な信念や感情の受け皿になることはできません。そのため、近代人は人格の危機に直面してしまうことになる。ここまでのトレルチの議論をまとめると、こういうことになります。

近代精神に対するトレルチの洞察が示唆に富むのは、政治、個人主義、経済、科学、芸術、哲学、倫理、宗教といった近代の諸要素のいずれにおいても、分裂や不統一、危機が見いだされることを指摘している点です。それゆえに、トレルチは近代というものを次のように結論づけます。

こういうわけで、近代世界のただ一つの点から統一的構成——反キリスト教の傾向からにせよ、個人主義から、此岸性と内在からにせよ、あるいは純粋な進歩から、また年老いた文化の解体の過程からにせよ——はすべて不可能である。（同書、五六頁）

これだと、「では近代を学ぶ意味は、どこにあるのか」と思う人もいるかもしれません。しかしトレルチから学ぶべきは、「単純な理論で時代を見ると、時代認識を誤ってしまう」ということです。近代を理解したいなら、近代を構成要素に分解し、その要素の一つひとつについて、それが近代のなかでどのような形をとっているか、また生の全体および全体の精神にどのような作用をおよぼしているかを示さなければならないのです。

また、トレルチは「われわれは近代を全体として、前に何があり、後に何が来るかには関わりなく、現実あるがままに受け取らなければならない。近代はわれわれの時代なのであって、誰も自分の髪をつかんでそこから自分を引き上げることはできない」とも語っています。

なぜ近代を、「現実あるがまま」に受け取らねばならないのか。それは、トレルチにとって近代が「未完」だからです。いくら主観的に近代を超えたつもりになっても、それは少し装いを変えた近代精神にしかすぎないのです。

こうした近代精神を、最もよく咀嚼《そしゃく》して日本に紹介したのが哲学者の田辺元《はじめ》（一八八五〜一九六二年）です。田辺は大東亜戦争のイデオローグの一人として知られていますが、戦後、軽井沢で隠遁《いんとん》生活を送っていたとき、近くの小学校、中学校の先生を集めて哲学講座を開きました。その内容をまとめた「哲学入門」（『田邊元全集』第一一巻収録、筑摩書房）のなかで、田辺はゲーテの『ファウスト』について触れています。

『ファウスト』は、ありとあらゆる学問に通暁《つうぎょう》した老人ファウスト博士が、メフィストフェレスという悪魔に出会い、良心と魂を譲る代わりに全知全能の力と若さを取り戻すというストーリーです。

その初めのほうに、ファウスト博士が「新約聖書の中の言葉を自分の好きなドイツ語に翻訳してみる。これが自分の新しい元気を喚《よ》び起こしてくれるところの方法だ」と言って、「ヨハネによる福音書」の冒頭「初めにロゴスあり、ロゴスは神とともにあり、ロゴスは神なりき」という一節を翻訳する場面があります。

まずロゴスを「言葉」と訳す。しかしファウストは、自分は言葉にあまり重きをおかないと言って、次に「心」と訳す。これは、神が世界を創るには「心」、すなわち意図を持ってしたのだから、世界には心があるということです。しかしやはり自分は心でものごとが全部決まるとは思わないとして、次に「力」と訳す。しかし力でものごとを全部説明することもできない。

最後に「行為《わざ》」と訳して、ようやく納得するわけです。

このくだりを田辺は次のように説明しています。

「初めに言葉あり」というのは、ギリシア的な世界観であり、「初めに心あり」はヘブライ的な発想だと。つまり旧約聖書の神が世界を自分の全知全能によって創るという意志が心です。「初めに力あり」は、工作的な人間の原理であって近世的なもの――つまりニュートン的な力学の世界観を表しています。そして「初めに行為あり」は歴史主義で、これが現代にあたると。

歴史主義というのは、行動して現実に働きかけないと、歴史というものはわからないということです。だから歴史を動的に捉えることが重要となってくるのです。

資本主義がもたらす「疎外」

歴史に対する態度を養ううえで、トレルチと並んで参照したいのが、ハンガリーのマルクス主義者ジェルジ・ルカーチ（一八八五〜一九七一年）の著書『**歴史と階級意識**』です。マルクス主義というのは、カール・マルクス（一八一八〜一八八三年）の思想を継承した社会主義理論のことを言います。

このマルクス主義には、「疎外論《そがいろん》」という考え方があります。初期のマルクスは、『経済学・哲学草稿』（光文社古典新訳文庫）という本のなかで、資本主義社会の労働者の状況を「疎外」という考え方から説明しました。「疎外」とは、よそよそしいものになってしまう、あるいは外されていると感じてしまうことです。

マルクスによれば、本来の労働とは「類的本質」だと言います。すなわち人間は、自然界の事物を加工しながら、「類」としての人間の世界を編《あ》み上げていく。だから人間が共同的に生きることの本質が、本来の労働にはあるはずだということです。たとえば、みんなで田畑を耕し、その収穫物をみんなで分け合うのであれば、人々は労働によって自分の生活をつくり上げているという実感を持つことができます。

ところが、資本主義的な生産体制では、人々は労働から疎外されてしまうとマルクスは言います。労働者が工場で自動車を組み立てても、その自動車は自分のものにはなりません。さらに工場での労働は、他人が管理する生産工程に組み込まれるわけですから、自分で主体的に働くこともできません。決められた時間にしたがって、決められた作業を続けなければならないわけです。こうして、労働者は自分自身をモノのように感じてしまい、生きている実感、働い

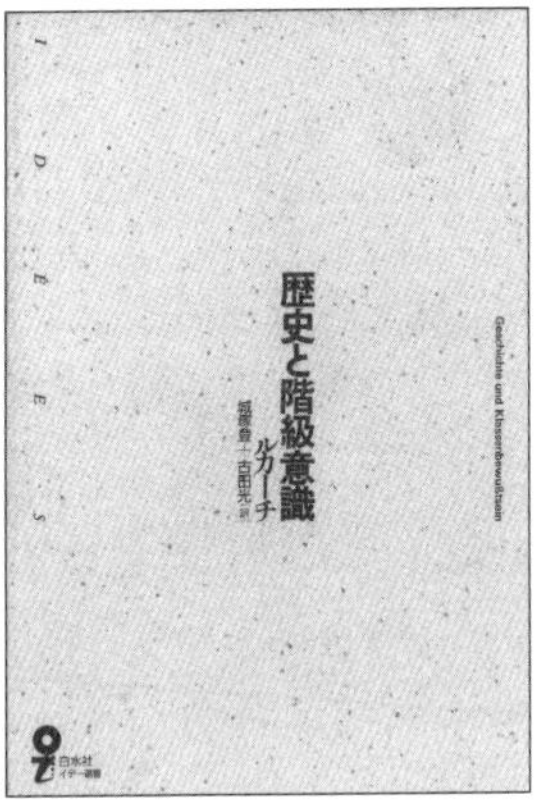

『歴史と階級意識』
ジェルジ・ルカーチ著、城塚登、吉田光訳／白水社

「第一章」より● 正統的マルクス主義とは、マルクスの研究成果を無批判的に受け入れることを意味するものでもなければ、マルクスのあれこれの命題を「信仰」したり、ある「神聖な」書物を解釈したりすることを意味するものでもない。むしろ、マルクス主義の問題における正統性とは、もっぱらその方法にかかわることなのである。

ていることとの実感というものが得られなくなります。

このように、資本主義的な生産体制において、人々は生産物に対しても、働く自分に対しても、そして働くことそれ自体に対しても、自分が外されている感覚を持ってしまう――これがマルクスの言う疎外です。

マルクスにとって、疎外を生み出すような資本主義は、人間の本質に反するということになります。そこで、資本主義を打ち倒して共産主義社会を目指す革命運動が必然的に生じてくるというのが、『経済学・哲学草稿』で描いたマルクスの未来図でした。

私たちを規定している外部が何であるのかを知る

この疎外論を「階級意識」という問題と結びつけたのが、ルカーチの『歴史と階級意識』です。同書でルカーチは、「物象化」に覆われた資本主義社会とイデオロギーの関係を分析しています。ルカーチの言う「物象化」は、ひとまず「疎外」とほとんど同じ意味で考えて差し支えありません。

ルカーチは物象化を「人間と人間との関わりあい、関係が物象性という性格をもつことだ」と説明しています。モノやサービスは人間が働くことでつくられ、社会のなかで交換したり使われたりすることで価値を持ちます。ところが資本主義社会では、モノやサービスそれ自体が価値を持ち、人間はそれを生み出すための歯車にすぎないと感じられてしまう。このように、人間が資本主義システムに組み込まれ、モノのために人間が働かされるようになってしまうことが、ルカーチの言う物象化です。

この物象化が社会全体を覆うと、資本家であれ労働者であれ、資本の論理に組み込まれて、そこから抜け出すことができません。なぜなら、過酷な状態でもそれを「当たり前」だと思ってしまうからです。資本主義システムに対して疑問を抱かずに、当たり前だと思い込む意識が、ルカーチの言う「イデオロギー」です。

では、自分がイデオロギーに囚われていることに気づくには、どうすればよいのか。ルカーチは、「資本主義にどっぷりと浸《つ》かってそこから利益を得ている資本家は、資本主義のイデオロギーを認識することができない」と言います。それに対して、プロレタリアート（労働者）は、自分がどういう場所にいるかということをきちんと認識すること――階級意識に目覚めること――によって、資本主義のイデオロギー性を見破り、物象化を克服できるとしています。

この議論のポイントは、「あらかじめ資本主義的なイデオロギーがあることを、前提としない」ということです。前提にはしないけれども、「自らが主体的に自分の存立基盤を見定めることで、資本主義のイデオロギーを乗り越えることができる」とルカーチは言います。

私たちは必ず何らかのイデオロギーに囚われている。しかし、だからこそ自分がおかれている場所を可能な限り客観的かつ実証的に観察しなければ、私たちを規定している外部が何であるのかを知ることはできないのです。

そのためには、ここまで紹介してきたようなホブズボームやトレルチ、マルクス、ルカーチもそうですし、ルートヴィヒ・ウィトゲンシュタインやハイデガー、バルトといった古典的な叡智《えいち》を総動員する必要があります。そうやって理詰めで考え抜くことで初めて、語りえないことが見えてくるのです。

歴史を学ぶ際に、旧来型の通史を重視しなければならないのも同じ理由です。脱近代を展望するカルチュラル・スタディーズ（異なる文化領域にまたがって比較研究する学問の潮流）やポストコロニアリズム（ある地域の経済や文化、政治に残る植民地主義の影響を分析する学説）のようなポストモダンの言説は、通史を「権力者のつくった物語」として批判しますが、だからといって通史を学ばなくてよい理由にはなりません。歴史は権力者がつくるものである以上、権力者の歴史を客観的・実証的に学ぶことが重要になってくるのです。

人間はイデオロギーから自由になれない

前章において、私は「『短い二〇世紀』は、まだ終わっていないのではないか」という仮説を提示しました。そこにトレルチの議論を被せるならば、「近代もまた、いまだ終わっていない――『未完の時代』として捉えなければならない」ということになります。

ここまで見てきたように、トレルチは中世と近代の分水嶺《ぶんすいれい》をウェストファリア条約としました。ウェストファリア条約によって主権国家が成立し、近代的な個人が主権国家を合理的に編成するプロセスのなかで、民族（国民）と国家を一体とする国民国家がつくられたのです。中世において最大の犠牲者を生み出した三十年戦争の本質は、宗教戦争です。それに模すならば、近代の世界大戦の本質は、民族（国民）の戦争と言うことができるでしょう。

私の見立てでは、資本主義によって生まれる人間性の空洞を埋め合わせる最強の思想は、民族主義――すなわちナショナリズムです。その意味で民族主義やナショナリズムは、「近代人の宗教」にほかなりません。

そして現在、ウクライナの危機が象徴するように、その〝現代版宗教〟が内包する「理性で割り切れない情念」が、国家間の対立を激化させる主要因として、再び歴史の表舞台に噴出してきているのです。

第三章

「動乱の時代」の必読書

一七八九年から始まるナショナリズムの時代

前章では、近代という時代を考察することで、近代精神の本質が「民族主義」「ナショナリズム」にあることを解説しました。ナショナリズムとは、「ある民族の居住する地域における主権は、当該民族が行使する」という思想のことです。そして近代が未完である以上、私たちもまたナショナリズムの時代を生きているということになるのです。

では、ナショナリズムという思想はいつ生まれたのでしょうか――その起源は「国家の主権は国王ではなく、国民の側にある」という原則が打ち立てられた、一七八九年のフランス革命になります。

一つの国民（民族）から形成される国家のことを「国民国家（ネーションステート）」と言いますが、フランス革命以降、ヨーロッパでは、国民皆兵制、国語の制定、義務教育の実施など、国民を統合する政治的・経済的・軍事的な制度の整備を通じて、国民国家の形成が進んでいきました。その際に、たとえばフランス国民（民族）、ドイツ国民（民族）など、民族としての国家の統一を推し進める思想がナショナリズムなのです。

こうしたナショナリズムを民族の権利にまで高めたのが、一九一八年にアメリカ合衆国大統領ウッドロウ・ウィルソンが平和原則一四カ条のなかで提唱した「民族自決」の原則です。

民族自決とは、「民族はそれぞれ政治的に独立し、みずからの政府を決定する権利を持つ」ことを意味しています。この民族自決の権利が提唱されたことにより、世界の諸民族は政治的・経済的独立を求めてナショナリズム運動を起こしていくのです。

民族自決の限界

ナショナリズム運動の目的は、端的に言えば「自前の国家を持つ」ということです。しかし、地球上のすべてのナショナリスト（民族主義者）の願望を満たすことは、はたして可能でしょうか。民族理論の専門家であるイギリスの社会人類学者アーネスト・ゲルナー（一九二五〜一九九五年）は、それは不可能だと断言しました。なぜなら、民族の数というものは、客観的に国家を持つことができる民族の数と比較して、圧倒的に多いからです。

> 公平で、一般的で、心地よいほど道理にかなったナショナリズムに不利に働いているものに、われわれがたまたま生きている世界の特殊な性格に関連する事柄がある。可能な限り単純な言葉で言うならば、それは、地球上には潜在的な民族が非常に数多く存在しているということにほかならない。また、われわれの惑星は、独立した、あるいは自治権を持つある一定数の政治単位のための空間を含んでいる。合理的に計算してみて、前者（潜在的な民族）の数は、存立可能な国家の数よりも、おそらく、はるかに多い。（『民族とナショナリズム』岩波書店、三〜四頁／傍点原著）

現在、正式な国家の数は二〇〇ぐらいと言われています。ところが民族の数は、エスニック・グループまでも含めれば、少なくとも五〇〇〇は存在する。そうなると、国民国家をつくる特権――民族自決の特権を与えられている集団は、四パーセントにすぎません。つまり、圧倒的多数の民族は不満を抱えていることになります。

この客観的な制約条件はきわめて重要です。たとえ現在の二倍ほどの国家が存立可能だとしても、全体の一割にしかならない。すると、どうなるか――次に重要になってくるのが「帝国主義」の論理なのです。

現代によみがえる帝国主義

帝国主義とは、一九世紀末から欧米列強が軍備を拡大させ、世界各地をみずからの植民地や勢力圏として支配していった動きのことを言います。一九世紀末から二〇世紀初頭にかけて、アフリカの大部分はイギリス・フランス・ドイツをはじめとするヨーロッパ諸国の植民地となり、太平洋海域もイギリス・フランス・オランダ・ドイツ・アメリカによって分割されました。たとえば、ハワイがアメリカに併合されたのもこの時代です（一八九八年）。この西欧列強の帝国主義による競争と対立が激化したことが、第一次世界大戦へとつながっていくのです。

現代人は「帝国主義」という言葉を耳にすると、悪いイメージを思い浮かべるかもしれませんが、当時はそう考えられてはいませんでした。一八七〇年代にイギリスで提唱された当初は、肯定的な意味で使われていたのです。

イギリスの南アフリカ植民地の首相を務めたセシル＝ローズ（一八五三〜一九〇二年）は、「貧民による内乱を欲しないならば、我々は帝国主義者とならざるをえない」という発言を残しています。一九世紀末の資本主義諸国は不況に見舞われ、国内に貧困問題や社会不安を抱えていました。当時の政治家は、帝国主義によってこうした国内問題を払拭できると考えていたのです。

現在、この帝国主義が再びよみがえってきていると私は考えています。

たとえば、中国は尖閣《せんかく》諸島だけでなく、南シナ海の南沙《なんさ》諸島（スプラトリー諸島）、西沙《せいさ》諸島（パラセル諸島）などさまざまな周辺地域の領有権を主張しています。アメリカはその中国の台頭を睨《にら》んで、TPP（環太平洋戦略的経済連携協定）により広域の帝国主義圏をつくろうとしています。TPPとは太平洋周辺の国々で関税を撤廃して貿易を自由化しようという協定のことですが、TPPを自由貿易という観点のみから捉えると事態の本質を見誤ります。一部の国々だけで経済協定を結ぶということは、同盟国間で排他的な経済圏を形成するブロック経済へと向かうことにつながるからです。

欧州に目を向けると、EUとは「広域帝国主義連合」ですが、経済的な優劣から見た場合、その本質はドイツ帝国主義です。そしてロシアは、一連のウクライナ危機のなかでクリミア自治共和国を編入しました。ロシアのクリミア編入は、国際法に照らせば明らかに違法です。しかし、ウラジーミル・プーチン大統領はソ連時代の「制限主権論」を反復することで、この編入を正当化しました。

制限主権論とは、一九六八年にソ連を中心とするワルシャワ条約機構五カ国軍がチェコスロバキアに対して行った軍事介入（チェコ事件）を正当化するためにソ連が持ち出した論理で、「社会主義共同体の利益が脅かされる場合、個別国家の主権は制限されることがある」という考え方です。

今回はそれを「ロシアの利益が脅かされる場合、近隣国家の主権は制限されることがある」という論理に変形したのです。ただし制限主権論を使っているのは、ロシアだけではありません。アメリカもまた、「アメリカ型の価値観になじまない国は、主権が制限されても構わない」という論理で、アフガニスタンやイラクとの戦争を正当化しました。

したがってウクライナを巡る対立を、ロシアと欧米諸国との「新冷戦構造」と捉えるのは間違っています。冷戦とは「共産主義と資本主義というイデオロギーを巡る対立」のことですが、現在起きているロシアと欧米諸国の対立は、ウクライナへの影響圏を巡る帝国主義的対立として捉えるべき問題なのです。

レーニン『帝国主義』を読み解く

このように、現在の国際情勢を「帝国主義」という概念を用いて考察できる教養が、危機の時代には求められます。複雑な国際情勢も帝国主義という考え方を当てはめてみることで、立体的に理解できるようになるのです。

そのためには、新聞やニュースで事実を知るだけでは不十分です。新聞はロシアがクリミアを編入したという事実は伝えてくれても、それが帝国主義にもとづく出来事であることは教えてくれないからです。

では、どうすれば現在の国際情勢を帝国主義と結びつけて思考することができるのか——それには当然ながら、まず「帝国主義」という概念を深く理解していなければなりません。そのための必読書として、ウラジーミル・レーニン（一八七〇～一九二四年）の**『帝国主義』**を挙げたいと思います。

ロシアのマルクス主義者であるレーニンは、革命家として一九一七年のロシア革命を成功させ、ソヴィエト社会主義共和国連邦を創設した人物です。

レーニンは『帝国主義』のなかで、帝国主義

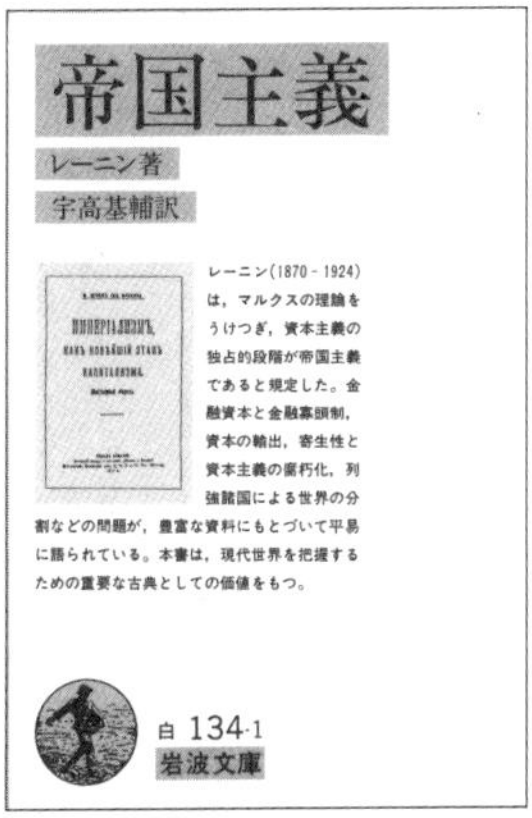

『帝国主義』
ウラジーミル・レーニン著、宇高基輔訳／岩波文庫

「序言」より● 資本主義は、地上人口の圧倒的多数にたいする、ひとにぎりの「先進」諸国による植民地的抑圧と金融的絞殺とのための、世界体制に成長転化した。そしてこの「獲物」の分配は、世界的に強大な、足の先から頭のてっぺんまで武装した二、三の強盗ども（アメリカ、イギリス、日本）のあいだでおこなわれ、そして彼らは、自分たちの獲物を分配するための自分たちの戦争に、全地球をひきずりこむのである。

を次のように定義しています。

（一）経済生活のなかで決定的役割を演じている独占を創りだしたほどに高度の発展段階に達した、生産と資本の集積、（二）銀行資本と産業資本との融合と、この「金融資本」を土台とする金融寡頭《かとう》制の成立、（三）商品輸出と区別される資本輸出がとくに重要な意義を獲得すること、（四）国際的な資本家の独占団体が形成されて世界を分割していること、（五）最大の資本主義的諸強国による地球の領土的分割が完了していること。帝国主義とは、独占と金融資本との支配が成立し、資本の輸出が顕著な意義を獲得し、国際トラストによる世界の分割がはじまり、最大の資本主義諸国による地球上の全領土の分割が完了した、というような発展段階における資本主義である。（『帝国主義』一四五～一四六頁）

この（一）～（五）について、レーニンは具体的な例を挙げながら著書のなかで説明していきます。その要旨を噛み砕いて説明すると、次のようになります。

欧米諸国では、一九世紀中頃に資本主義経済が確立したのち、技術革新によって、重工業が発展していきました。それにともなって起こったのが、生産と資本の集積／独占です。すなわち、大企業が中小企業を合併・吸収して、生産面でも資本（設備や資金）面でも巨大企業による独占化が進んでいくわけです（一）。

1：生産面・資本面での巨大企業による独占化の進行

2：「金融資本」を土台とする金融寡頭制の成立

3：海外への輸出・投資による利益追求

4：多国籍企業の誕生と世界の分割

5：帝国主義諸国により、世界は植民地や保護領、自治領などに分割されていく

レーニンの帝国主義発展の定義

これと同じことが銀行でも起こります。中小の銀行が大銀行に組み込まれ、大銀行（銀行資本）は大企業（産業資本）との結びつきを強めます。さらに大銀行が巨大企業の株主になることで、企業を傘下に収めてしまう。これがレーニンの言う「金融資本」を土台とする金融寡頭制の成立です（二）。

こうした超巨大企業は商品を輸出するだけでなく、海外の鉄道建設に投資したり、相手国にお金を貸し付けたりすること（資本輸出）で、利益を拡大させようとします（三）。巨大企業が海外進出をするようになると、国境を超えた多国籍企業が生まれ、世界規模で利益を分割していきます（四）。そして最終的には、西欧諸国は世界を植民地や保護領、自治領などに分割していくのです（五）。

このレーニンの帝国主義論は、高校の世界史

や政治・経済の教科書にも反映されています。したがって、高校の世界史や政治・経済の教科書を精読すれば、質の高い教養を身につけることは十分可能なのです。実例を一つ挙げてみましょう。

一九世紀後半には、鉄鋼や内燃機関・電気などの分野で技術革新がおこり、重化学工業化が進んだ。その結果、企業が大規模化し、多額の資本が必要となって株式会社制度が発達した。また、生産の集積・集中が進み、競争に勝ち残った少数の大企業が市場を支配（寡占）するようになった。このような新たな段階の資本主義を独占資本主義ということもある。さらに欧米資本主義国は強力な軍事力を背景に、アジア・アフリカの原材料の供給地や製品の輸出市場、あるいは資本の投資先とする植民地化政策をおし進め、たがいに対立するようになった（帝国主義）。（『詳説 政治・経済』山川出版社、八九〜九〇頁）

現代は新・帝国主義の時代

レーニンの帝国主義論で挙げられている（一）〜（五）の定義は、（五）以外はすべてそのまま現代にも当てはまります。企業や銀行の吸収合併が進んでいることは、いまさら説明する必要もないでしょう。たとえば、みずほ銀行は、第一勧業銀行・富士銀行・日本興業銀行が合併してできた銀行です。また、現在の資本主義は「株主資本主義」と言われるほど、企業に対する株主の圧力が強くなっています。そして株主とは多くの場合、金融機関を筆頭とする機関投資家ですから、金融寡頭制は現在においても成立しています。

資本輸出が重要なのは今も変わりませんし、グローバル多国籍企業はレーニンの時代以上に、世界の利益を吸い上げています。ここまで考察することで、ようやく私たちは現代が新しい帝国主義の時代に突入していることを理解できるのです。

レーニンは『帝国主義』のなかで、「帝国主義とは、資本主義が発達する段階で必然的に生じる現象」だということを主張しています。中国もロシアも二〇〇〇年代を通じて、資本主義を発達させてきました。現代の国際構造のなかで、中国・ロシアの両大国がとりわけ帝国主義的傾向を強めているのは、どちらの国も初めて資本主義の発達という事態に直面しているからにほかなりません。そして世界のなかでどこかの大国が帝国主義的に振る舞うならば、他国も生き残りをかけて帝国主義化していく。そのため、現代の国際構造が帝国主義的な色彩を帯びるのは、必然だと言えるのです。

しかし、現代の新・帝国主義は、かつての帝国主義とは異なります。一九世紀末から二〇世紀初頭まで、欧米の帝国主義国は軍備拡大を競い、植民地を求めて抗争を繰り返しました。その結果として起こったのが、第一次世界大戦です。それに対して、二一世紀の帝国主義は植民地を求めません。それは人類が文明的になったからではなく、単に植民地を維持するコストが高まったからです。また、新・帝国主義は共倒れになることを恐れて、全面戦争を避ける傾向があります。植民地を持たず、全面戦争を避けようとするのが、新・帝国主義の特徴なのです。しかし、新・帝国主義になっても、外部からの搾取と収奪により生き残りを図るという帝国主義の本質や行動様式は変わりません。

帝国主義国は、相手国の立場を考えずに最大限の要求を突きつけます。それに対して、相手が怯《ひる》み、国際社会も沈黙するならば、帝国主義国は強引に自国の権益を拡大させます。これに対して相手国が抵抗し、あるいは国際社会からの批判が強まると、帝国主義国は譲歩し、国際協調に転じます。これは帝国主義国が反省したからではありません。それ以上、一方的に自国の権益を主張すると、国際社会からの反発がさらに強まり、結果として自国の不利益につながることを計算に入れているからです。

だから帝国主義国が、国際協調から再び牙をむく方向へ路線を変更する危険性は常にあります。相手国が弱体化し、国際世論の潮目が変わって、自国の権益を拡張する機会を絶えずうかがっているというわけです。

なぜプーチンはクリミア編入に踏み切ったのか

一〇〇年前の第一次世界大戦前夜の国際情勢は、ナショナリズムという糸と帝国主義という糸が、複雑に絡まり合っているような状態でした。一方ではバルカン半島で見られた、汎スラブと汎ゲルマンというナショナリズムによる対立があり、他方では西欧列強が権益を求めて帝国主義化し、「外部からの収奪」に邁進《まいしん》していた。

それとまったく同じような状況が、現在の国際社会でも生じています。ウクライナ問題もまた、一方ではウクライナ人とロシア人とのナショナリズムの対立があり、他方ではウクライナへの影響圏を巡る、EU・アメリカとロシアとの帝国主義的な対立がある。

ここで注意しておきたいのは、「ナショナリズムと帝国主義は、相反するものではない」ということです。近代ヨーロッパで誕生した国民国家が一九世紀末に帝国主義化する際には、ナショナリズムが原動力となりました。プーチンがクリミア編入に踏み切ったのも、ナショナリズムが理由の一つです。

クリミア半島は複雑な歴史を持つ地域です。一五〜一八世紀まではオスマン帝国の保護のもと、「クリミア・ハン国」がこの地を支配していました。このクリミア・ハン国の子孫がクリミア・タタール人です。彼らは、ロシアのタタールスタン共和国に居住するタタール人とはまったく別の民族です。

このクリミア・ハン国は、一七八三年にロシアに併合されます。その後この地は、一九世紀のクリミア戦争、二〇世紀の第二次世界大戦において激戦の地になりました。そして第二次世界大戦末期の一九四四年、クリミア・タタール人は、ヨシフ・スターリンによって「対敵（ナチス・ドイツ）協力民族」というレッテルを貼られ、中央アジアに強制移住させられてしまいます。

その空白地帯となったクリミアに、ロシア人やウクライナ人が入植しました。この時代も、クリミアはロシア共和国に属していたのですが、一九五四年にニキータ・フルシチョフ・ソ連共産党第一書記（当時）が、クリミアをロシアからウクライナへ移管します。これは、ペレヤスラフ協定（一六五四年にウクライナ・コサックの棟梁《ヘトマン》国家がモスクワ大公国の保護下に入ることを認めた）締結三〇〇周年を記念した、ソ連政府によるウクライナ宥和《ゆうわ》政策の一環でした。もっとも、当時はソ連の解体を誰も想定していなかったので、この措置は「国内の境界線変更」にすぎませんでした。

その後、一九六〇年代末からクリミア・タタール人に対する追放が段階的に解除されていきますが、本格的にクリミア・タタール人がクリミア半島に帰還したのは、ミハイル・ゴルバチョフ・ソ連共産党書記長（当時）による「歴史の見直し」が進められた一九八〇年代末になってからでした。しかし、クリミアにはすでにロシア人やウクライナ人が居住していたので、土地を巡ってタタール人とロシア人・ウクライナ人の関係が緊張します。

一九九一年一二月のソ連崩壊後は、クリミア半島の軍港セバストポリの帰属を巡り、ロシアとウクライナの関係が緊張、またクリミア・タタール人の間にイスラーム原理主義過激派の影響がおよび始めました。さらにコサック（平時は農業に従事していた騎馬兵士集団）もクリミアに拠点を据え、親ロシア運動を展開していきます。

こうした民族的にも宗教的にも複雑な背景を持つクリミア地域を、あえてプーチンが欲しがる合理的な理由は見つかりません。現在のロシア経済の状況からすると負担が大きすぎるから

クリミア半島の歴史

紀元前～15世紀中頃	ギリシア人による植民都市建設をはじめ、スキタイ人、ローマ人、ゴート人、ブルガール人などが進入
15世紀中頃	タタール人のクリミア・ハン国が支配
1783年	ロシア帝国に併合
1853年	クリミア戦争が勃発
1917年	ロシア革命
1941年	独ソ戦争勃発で激戦地に
1944年	クリミア・タタール人が中央アジアへ強制移住させられる
1954年	ソ連邦内のロシアからウクライナへ移管される
1991年	ソ連崩壊でウクライナの一部へ
2014年	ロシアによるクリミア編入

です。ロシアにとって必要なのは軍港（セバストポリ）と保養施設（ヤルタ）ぐらいでしょう。どうしてクリミア・タタール人の面倒まで見なきゃならないんだ、というのが一般的なロシア人の感覚です。

では、なぜプーチンは勝負に出たのか。その最大の理由がナショナリズムです。

キエフ（ウクライナの首都）で反ロシア政権が成立すると、すぐに戻されたとはいえ、ウクライナ東部・南部に加えてクリミアでもロシア語の使用を禁じました。「ロシア語を喋る公務員は皆クビにして、西ウクライナから新しく人を連れてくる」と言い出したのです。これがプーチン、そしてロシア国民のナショナリズムを刺激しました。「売られたケンカは買ってやる」となったのです。

クリミア編入に、実質的な意義はありません。

ロシアにとって国際的孤立を招くうえに、財政的な支出も増えます。しかし、ナショナリズムとは理性では考えられない行動に出ることがあるということを忘れないでおきましょう。

帝国主義時代に国家機能は強化される

すでに説明したように、不況に見舞われ国内に貧困問題や社会不安を抱え込んでいた一九世紀末の資本主義諸国は、その解消策として帝国主義、すなわち「外部からの収奪」へと向かいました。現代も当時と同様、先進諸国は低成長に見舞われ、国内では格差問題・貧困問題を抱えています。

さらに、覇権国の失墜という事態も当時とよく似ています。一九世紀末には、イギリスの覇権が失墜して帝国主義の時代へと突入していきました。現代はアメリカの覇権が衰えたことで、群雄割拠の帝国主義時代に変化してきたのです。ウクライナに対するロシアの関与や国際社会における中国の台頭なども、こうした文脈から読み解かなければならないのです。

おそらく現代は、無意識のうちに限定的な戦争を欲する時代になっているのでしょう。世界経済が閉塞状況に陥っているのも、第二次世界大戦の大量破壊によるその後の「復興需要」を、すでに食い尽くしてしまったからなのかもしれません。

国家は、自己保存のためには暴力の行使を厭《いと》いませんし、国内に不安が増大するときは国家機能を強化しようとします。その意味で、帝国主義の時代に国家機能が強化されるのは必然だと言えるのです。

いまだに近代の枠組みのなかで生きている以上、私たちはナショナリズムとも帝国主義ともつきあっていかなければなりません。そしてそれらが暴走して、戦争や排外主義に向かいそうなときには、全力で食い止めなければならない。

では、どうやって国家の暴走を防げばよいのでしょうか——そのためには、権力というものの本質を知ることが必須となります。そこで次章では、権力の本質を知るための必読書を紹介しながら、国家を暴走させないための処方箋を考えていくことにします。

第四章

「反知性主義」を超克せよ

現代日本の反知性主義

現在、日本の政治エリートの一部に、「反知性主義」が急速に広がっています。反知性主義とは、実証性や客観性を軽視して、自分が理解したいように世界を解釈する態度のことを言います。そのために、自分が不適切な発言をしたという自覚を持つことができず、海外からの批判を認識することができないのです。

二〇一三年、麻生《あそう》太郎副総理兼財務相が憲法改正問題に関連して語った「ある日気づいたら、『ワイマール憲法』が『ナチス憲法』に変わっていたんですよ。誰も気づかないで変わった。あの手口学んだらどうかね。わーわー騒がないで。本当に、みんないい憲法と、みんな納得して、あの憲法変わっているからね」という発言が典型的です。

この発言に対して、国際的なユダヤ人ネットワークは即座に非難の声をあげたことを、『ウォール・ストリート・ジャーナル』紙は以下のように伝えています。

ロサンゼルスに本部を置くユダヤ教の人権団体、サイモン・ウィーゼンタール・センター（SWC）は三〇日に声明を発表し、麻生氏に発言の説明を求めた。この声明は、SWCの副代表で宗教指導者エイブラハム・クーパー氏の発言を引用し、「ナチス政権のどの『やり方』――民主主義をひそかに無能にするやり方――が学ぶ価値があるのか」と問いかけた。

クーパー氏は「麻生副総理はナチス・ドイツの支配力が素早く世界を地獄に連れ込み、第二次世界大戦の甚大な恐怖に人類を巻き込んだことを忘れたのか。統治をめぐるナチス第三帝国からの唯一の教訓は、権力の地位にある者がどう振る舞うべきではないかということだけだ」と続けた。（二〇一三年七月三一日『ウォール・ストリート・ジャーナル　JAPAN REALTIME』）

当時から私は、自民党のパワー・エリートたちの反知性主義的傾向に繰り返し危機感を表明してきましたが、事態が改善される見通しは一向にありません。それどころか、靖国参拝や慰安婦問題を巡って、反知性主義がさらに顕在化してきています。

こうした反知性主義が外交上、きわめて深刻な影響を与えていることは明らかです。実際、今や中韓ばかりでなく、欧米諸国においても「日本の右傾化」が語られつつあります。

この右傾化言説をみずから強化するかのように、安倍総理は、二〇一四年二月一二日の衆院予算委員会のなかで、集団的自衛権の行使を認める憲法解釈の変更に関して「最高責任者は私だ。政府の答弁に私が責任を持って、その上で選挙で審判を受ける」と述べました。そして七月一日には、閣議決定で集団的自衛権の行使を認める憲法解釈の変更を行いました。

安倍総理が立憲主義を理解していないことは明らかです。立憲主義とは、「憲法によって権力を制限し、個人の権利と自由を守ろう」という考え方のことです。

憲法というものは権力者を抑えるためのものであり、内閣が替わったからといって、憲法の解釈というのは変わるものではありません。「法律の法律」であるところの憲法によって、政府のやっていることが適法であるかどうか、あるいは国会でつくった法律が適法かどうかということを、違憲立法審査権によって裁判所が判断する。高校生の政治・経済の教科書に書いてあるような憲法の基本構造さえも安倍総理が押さえていないことに、背筋が寒くなる思いがしました。もはや一国の首相が立憲主義さえ理解しないまま、憲法問題を語っているのです。

パワー・エリート化する政権

誤解のないように言っておくと、反知性主義は「無知」とは異なります。たとえ高等教育を受けていても、自己の権力基盤を強化するために「恣《し》意的な物語」を展開すれば反知性主義者となりうるのです。

反知性主義者に実証的批判を突きつけても、有効な批判にはなりません。なぜなら、彼らにはみずからにとって都合がよいことは大きく見え、都合の悪いことは視界から消えてしまうからです。だから反知性主義者は、実証性や客観性にもとづく反証をいくらされても、痛くも痒《かゆ》くもありません。さらに反知性主義と決断主義とは、硬貨の表と裏の関係です。だから反知性主義からは、「つべこべ言わず、俺がやれと言ったことをやれ」という決断主義的な政治指針が生まれやすいのです。

反知性主義は、外交において明らかに国民と国家に対して負の影響を与えています。何より日本の現政権は、諸外国から「日本はナチス・ドイツとの同盟国であった軍国主義的な大日本帝国に、回帰しようとしている」と見られている現実を、客観的に認識できていません。

アメリカの社会学者チャールズ・ライト・ミルズ（一九一六〜一九六二年）は、社会学の古典となった『パワー・エリート』（東京大学出版会）で、「権力エリート《パワー》層は、普通一般の男女の生活している日常生活環境を超越しうるような地位を占める人々によって構成されている」と述べています。安倍氏も麻生氏も、国民から超越したパワー・エリートのゲームにしか関心を持っていないのでしょう。それゆえにみずからが引き起こした事態が、日本国民の利益を毀損《きそん》しているという現実が見えていないのです。

民主主義と独裁に境界はない

このような危機的な状況を正しく理解するには、政治的教養が必要です。そして政治的教養を身につけるには、パワー・エリートが持つ権力の本質を知ることが肝要なのです。そのための格好のテキストとして推薦したいのが、ブルース・ブエノ・デ・メスキータとアラスター・スミスの共著『**独裁者のためのハンドブック**』です。

同書は、権力支持基盤理論にもとづいて独裁者の行動を説明したものですが、この理論の概要は次のようにまとめられています。

『独裁者のためのハンドブック』
ブルース・ブエノ・デ・メスキータ、アラスター・スミス著、四本健二、浅野宜之訳／亜紀書房

「序章」より● 第一に、政治とは、政治権力を握り、それを保持することである。政治とは「我ら、人民」一般の福祉に関することではない。第二に、政治的に生き残るとは、少数の人々を頼みにして地位に就き、その地位にあり続けることを最大限に確実にすることである。

指導者がどのような行動をとるかは、結局のところ、その指導者が権力を維持するためにどれくらいの数の支持者を必要とし、そのようなかけがえのない支持者がどれくらいの人々（著者のいうところの権力支持基盤）から選り抜かれたのかということに尽きる。政府の権力支持基盤の大きさに応じて、課税や歳出、すなわち指導者が展開するのが腐りきった政策か、それとも国民全般の福祉の向上を目指す政策かが決定づけられ、自由や権利がどの程度制約されるかが決まる。このことは、政府の指導者であれ、企業の経営者であれ、あらゆる組織のリーダーに当てはまる。（『独裁者のためのハンドブック』一〜二頁）

同書によると、「政治の本質は一言でいえば、ある者が権力の座を目指し、そして手に入れた権力を長く維持すること」です。そして、権力者にとって「最善の」支配というのは、「まずは権力を握り、次に権力の座に居座り続け、そして、その間はできるだけ多く国（や会社）の

権力を支える人々

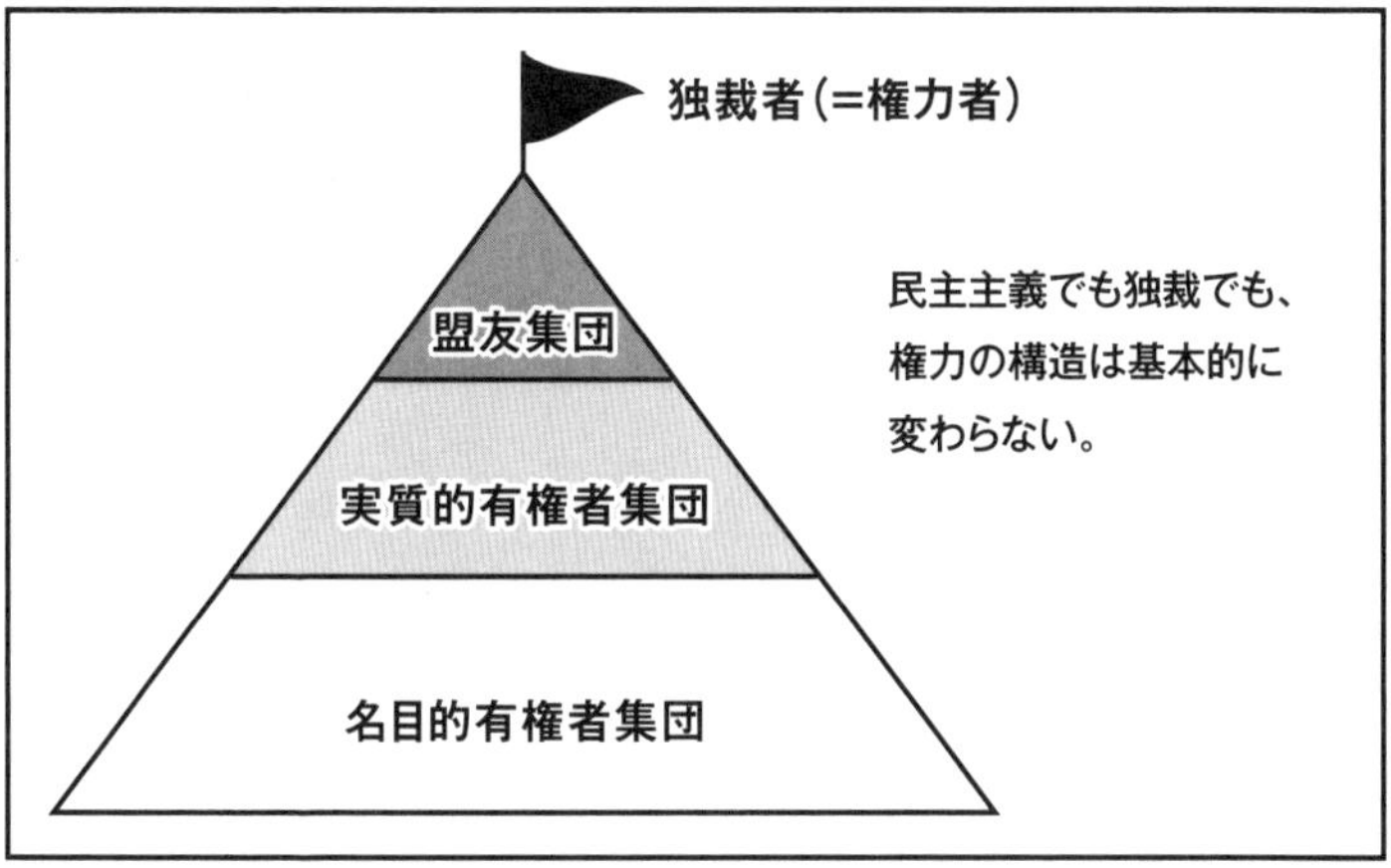

金を恣《ほしいまま》にすること」だと言います。

権力の座に居座り続けるためには、支持者が必要です。著者は同書のなかで、権力者の支配を支える人々を「名目的有権者集団」「実質的有権者集団」「盟友集団」という三つの層に分類しています。

「名目的有権者集団」とは権利や身分が名目的なものにすぎず、権力者にとって取り替えのきく存在を指します。その上位的存在が「実質的有権者集団」です。彼らは独裁者による権力掌握に貢献し、その後の支配にも影響を与えているグループです。その実質的有権者集団のさらに上位に位置するのが、彼らの支持なくして独裁者の支配は成り立たないという「(独裁者の)盟友集団」です。

著者は、最下層である名目的有権者集団と、その上位の実質的有権者集団が重なれば重なるほど、民主的な政治体制が実現されると述べ、さらに民主主義的な政治エリートもまた独裁のルールを用いており、民主主義と独裁との間に厳密な境界はないことを指摘しています。

独裁を成功させる五つのルール

では、独裁のルールとはどのようなものでしょうか。同書では「どんなシステムでも、成功するためにリーダーが使える五つの基本的ルール」として、次のような手法が挙げられています。

ルール1　盟友集団は、できるだけ小さくせよ
ルール2　名目上の集団は、できるだけ大きくせよ
ルール3　歳入をコントロールせよ
ルール4　盟友には、忠誠を保つに足る分だけ見返りを与えよ
ルール5　庶民の暮らしを良くするために、盟友の分け前をピンハネするな

（同書、六八〜七〇頁）

ブラック企業のワンマン社長を想像すれば、この五つのルールはすぐに理解できるでしょう。自分の側近（盟友集団）はできるだけ少なくするが、社員（名目上の集団）はなるべく多くし

て、取り替えがきくようにする。会社の利益をコントロールして、側近には（自分の権力を脅かさない程度に）手厚い報酬を与え、社員は低賃金で働かせればいいということです。

安倍総理は就任以来、「強さ」「勇ましさ」をアピールしてきました。これは少しでも弱さを見せると、すぐに権力が簒奪《さんだつ》されてしまうと思っているのでしょう。そのため安倍総理は、靖国参拝に踏み切り、憲法解釈さえもみずからの権力で変えられると宣言するなど、外交相手や一般国民よりも「かけがえのない盟友（お友達）」に対するアピールを優先しているのです。

同書の理論にしたがえば、見返りを渡す集団サイズによって、その国の体制が独裁的か民主的かという〝濃度〟を測ることができます。安倍政権は限られた幹部や支持者に対するアピールを重視している点で、独裁制に近づいていると見ることができます。

世界は王制に向かっている

しかし、政権が独裁色を強めているのは、なにも日本ばかりではありません。現在の国際社会は、世界全体が独裁的統治を強めてきているのです。それは新・帝国主義の拡大とも、深く関係しています。

現代が新・帝国主義の時代になっているという私の見立ては、別の言い方をすれば「王制」に回帰しているということです。アメリカのバラク・オバマ大統領も、ロシアのプーチン大統領も「選挙によって即位した王」と見ることができますし、消費税を増税しても支持率が下がらない安倍内閣は、議会や野党に拘束されない「超然内閣」のような存在になりつつあります。独裁というのが言いすぎだとしても、あらゆる国で国家機能が強まっていることは間違いありません。

このような独裁的統治が強まった大きな要因の一つとして、「経済のグローバル化」が挙げられます。冷戦終焉《しゅうえん》後、資本はグローバル化の名のもとに、国境をやすやすと越えていくようになりました。しかしそれは同時に、市場と国家の衝突という事態を引き起こします。その理由は、グローバル資本主義が強くなりすぎると、国家の「徴税機能」が弱体化してしまうからです。たとえばスターバックスやグーグル、アマゾンといった多国籍企業は、タックスヘイブン（租税回避地）を活用して税金を逃れようとします。徴税機能の弱体化は国家の成立基盤を危うくするので、各国とも国家機能を強化しようと、独裁的な統治に傾いていくのです。

フランス革命が独裁制へと行き着く論理

徴税機能が弱くなれば、当然、再分配する財源も枯渇してしまいます。再分配や財源に行き詰まった国家が独裁主義的な方向に進んでいくのは、フランス革命後の政治体制の推移を見れば明らかです。

フランス革命で旧体制を打倒した後、権力を握ったのは商工業ブルジョワジーを地盤とするジロンド派です。ジロンド派は、旧勢力のクビを切って彼らの富をばら撒きました。つまりポピュリズム（大衆政治）による分配で、支持者を満足させようとしたのです。しかしポピュリズム的なばら撒きには限界がある。さらに当時のフランスは、イギリス、スペイン、オーストリア、プロイセンなどの対仏大同盟に包囲されていました。この列強国との対立によってフランスは物資の輸入が困難になり、深刻な食料不足に陥ります。結果、不換紙幣を発行しすぎてインフレを招いたジロンド派は、国民の支持を失ってしまいました。

その状況で、次に権力を握ったのがジャコバン派です。ジャコバン派は緊縮財政や恐怖政治、国民皆兵という形で、国家機能を強化しようとしました。ジロンド派が個人の権利ばかりを主張し、公《おおやけ》を大切にしなくなったというのがジャコバン派の主張です。しかし、息詰まるような恐怖政治も、国民の側に不満が募《つの》ります。その後に登場するのが、ナポレオンによる独裁政治です。ナポレオンは、国内的にはジャコバン派ほど厳しい政策はとりません。そしてばら撒きの財源は、軍事的征服によって外から収奪してきました。つまり帝国主義的な政策を展開したわけです。

代議制民主主義と市民社会が常に合致している近代国家では、市民は一回政治家を選んでしまえば次の選挙まで政治について考える必要がなく、欲望だけを追求していればよい。したがって、経済さえうまく回っていれば、政治はどうでもいいというのが市民社会の原則です。ところが景気が悪化すると、今度は政治に経済を改善するよう要求し始めます。その先に待ち受けているのは、国家機能の強化です。そして、国家機能の強化イコール政府機能の強化、政府機能の強化イコール独裁の強化という形で、独裁制へと移行していくわけです。

このようにグローバル資本主義が発展していくと、国家の右傾化や独裁化を推進するという逆説を看取《かんしゅ》することができます。

『クーデターの技術』に学ぶ権力奪取の方法

では、そのときに権力者や政治家はどのようにして権力基盤を固めようとするのでしょうか。この点を理解するのに有効なのが、クルツィオ・マラパルテ（一八九八〜一九五七年）の『**クーデターの技術**』です。『クーデターの技術』は一九三一年に書かれた権力奪取の教科書で、その要点は「ピンポイントで専門家を組織してネットワークをつくれば、権力は簡単にとれる」ということです。

この本は、ロシア「十月革命」の考察から始まります。第一次世界大戦末期の一九一七年、まず二月革命によってロマノフ王朝による帝政が崩壊しました。その後、ブルジョワジーを支持基盤とする臨時政府が成立しますが、労働者や農民、下級兵士などは、革命を求める自治組織である「ソヴィエト」に集結し、各都市を支配下におくという「二重権力」の状態になりました。そこに、ロシア社会民主労働党ボリシェヴィキ派（のちの共産党）の指導者レーニンが亡命先から帰国し、ソヴィエト内で勢力を拡大します。そして同年一〇月、武装蜂起をして臨時政府を打倒し、社会主義政権を樹立しました。これが十月革命です。

マラパルテは、この十月革命を考察して、次のように言います。

> 現代ヨーロッパでは、各国政府が防衛しなければならない共産主義の危険は、レーニンの戦略ではなく、トロツキーの戦術である。レーニンの戦略は、一九一七年のロシアの一般的情勢を離れては理解できない。これに反し、トロツキーの戦術は、国内の一般的情勢に束縛されないのであり、その実際の適用は、レーニンの戦略には欠くことのできないものである諸状況によって左右されることはないのである。（『クーデターの技術』三七頁）

レーニンの戦略は、すべての民衆が蜂起に加わることを重視します。そしてその蜂起は、革命運動が昇りつめた時点で起こさねばならない。それに対してトロツキーは、「すべての民衆なんて、反乱には多すぎるのだ。冷静、果敢な蜂起戦術にたけた小部隊があればよいのだ」と言います。

『クーデターの技術』
クルツィオ・マラパルテ著、矢野秀訳／イザラ書房

「初版序」より● 私の課題はいかにして現代の国家権力を奪取し、またいかにしてそれを防禦するかについてのべることにある。これは、ある意味でマキャベリが扱ったのと同じ問題であるが、本書は《君主論》のイミテーションではない。たとえそれが現代的な、ということは少しもマキャベリ的でない模倣といわれようとも。

マラパルテは、このトロツキーの戦術を評価し、権力奪取というものを徹底的に技法の水準で捉えています。極論すれば、政治的状況や経済的状況とは関係なく、トロツキー的な技術を用いれば、クーデターは成功するということです。

トロツキーが唱える反乱の技術とは、「都市のインフラや通信ネットワークを暴力的に押さえてしまえば、国家権力は奪取できる」というものです。事実トロツキーは、十月革命において軍事蜂起を指揮し、郵便局や銀行、発電所、印刷所を次々に占拠し、革命を成功に導きました。

戦術的な観点から見れば、共和国参議院、内閣、国会を武装蜂起の対象として選び、これを占拠しても大した意味はない。国家権力の中枢は、政治・官僚機構、すなわちトーリッド宮殿、マリア宮殿、冬宮にあるわけではなく、国家機構、即ち発電所、鉄道、電信・電話、港湾、ガス・タンク、水道である。（同書、六七頁）

これは現代であれば、インフラもすべて通信ネットワークに組み込まれているのですから、「通信ネットワークさえ握ってしまえば、体制を転覆することは可能」ということになります。さらに現代では、物理的な暴力も必要としないかもしれません。ネットワーク技術に長《た》けた有能な技術者や、インフラ構造を把握している専門家を組織化してサイバーテロを仕掛ければ、国家機能を麻痺《まひ》させることは十分可能だからです。

独裁やクーデターというと、日本人にとっては他人事のように聞こえるかもしれませんが、トロツキーのような技法を用いれば、体制はあっけなく転覆できるということを『クーデターの技術』は教えてくれます。現在、ウクライナだけでなく、世界各国で内乱が続いています。シリアしかり、中央アフリカ共和国やタイしかりです。こうした各国の内乱を読み解くうえでも、『クーデターの技術』は大いに参考になるテキストなのです。

革命のバイブル「なにをなすべきか?」

『クーデターの技術』では、レーニンの戦略に対する評価は否定的ですが、私はそう思いません。ピンポイントでネットワーク拠点を支配する技法だけでは、体制を転覆することはできても、それを維持し続けることは難しい。エジプトを見ればわかるように、二〇一一年の革命で旧体制を打倒することはできましたが、ムルスィー新政権もあっという間に権力の座から滑り落ちました。

先ほども述べたように、経済がうまく回っていれば、国民は政治に関心を持ちませんから、政権を維持することは簡単です。しかし、いざ景気が悪化すると、統治はいきなり難しくなります。そういった状況で権力を維持するためには、民衆に対してイデオロギー的な操作をしなければなりません。その点で、天才的な才能を発揮したのがレーニンです。

「なにをなすべきか？」（『レーニン全集 第五巻』）
ソ同盟共産党中央委員会付属
マルクス＝エンゲルス＝レーニン研究所編、
マルクス＝レーニン主義研究所訳／大月書店

「序文」より● しかし私は、もっと一般的な二つの問題からはじめなければならなかった。すなわち、なぜ、「批判の自由」というような「罪のない」、「当然な」スローガンが、われわれにとって真の戦闘開始の合図となっているのか？ なぜ、われわれは、自然発生的な大衆運動にたいする社会民主主義派の役割という基本的な問題についてさえ話合いをつけることができないのか？ という問題がそれである。

レーニンには、類まれなるキャッチコピーの才能もありました。「侵略戦争を内乱に転化せよ」「内乱を革命に転化せよ」など、スローガンのつくり方が天才的なのです。

そのレーニンが書いた革命のテキストが、「**なにをなすべきか？**」という論文（『レーニン全集第五巻』収録）です。この本が刊行されたのは一九〇二年ですから、まだ「ソヴィエト」結成以前のことです。一八九八年、マルクス主義政党であるロシア社会民主労働党が結成されてから間もない時期に、この本は執筆されました。

同書には、「いかに職業的な革命家をつくり上げて、労働者階級に社会主義的意識を注入するか」という運動の技法が書かれています。

なぜレーニンはそんな本を書かなければならなかったのでしょうか。

当時のロシア帝政下では、革命グループに対する弾圧が強まっていました。革命運動の指導者たちはロシアを離れて外国に亡命しており、レーニンやトロツキーも亡命組でした。そこでレーニンは、「厳しい弾圧をかいくぐって革命を実現するためには、専門的な革命家をつくり上げなければならない。革命のプロによって構成されるスーパーチームでなければ、政治警察に対抗することはできない」と考えたわけです。革命について、レーニンは次のように主張します。

(一)確固たる、継承性をたもった指導者の組織がないなら、どんな革命運動も恒久的なものとはなりえない。(二)自然発生的に闘争に引きいれられて、運動の土台を構成し、運動に参加してくる大衆が広範になればなるほど、こういう組織の必要はいよいよ緊急となり、またこの組織はいよいよ恒久的でなければならない(なぜなら、そのときにはあらゆる種類のデマゴーグが大衆の未熟な層をまどわすことがいよいよ容易になるからである)。(三)この組織は、職業的に革命的活動にしたがう人々から主としてなりたたなければならない。(四)専制国では、職業的に革命的活動にしたがい、政治警察と闘争する技術について職業的訓練をうけた人々だけを参加させるようにして、この組織の成員の範囲を狭くすればするほど、この組織を「とらえつくす」ことは、ますます困難になり、また(五)労働者階級の出身であると、その他の社会階級の出身であるとを問わず、運動に参加し、そのなかで積極的に活動できる人々の範囲が、ますます広くなるであろう。(『レーニン全集 第五巻』四九九頁/傍点原著)

まずは、少数の職業的革命家のグループをつくって、政治警察と闘争する。それが成功を収めれば、運動は自然に広がっていくというのが、レーニンの思い描く革命のロードマップです。しかし、労働者階級の運動を自然発生的な広がりに任せるだけでは、革命を成し遂げることはできません。なぜなら、労働者階級の運動は、もっぱら経済闘争に力点がおかれてしまい、賃金や労働条件の改善を求める条件闘争にしかなりえないからです。

そこでレーニンは、「階級的政治的意識は、外部からしか、つまり経済闘争の外部から労働者と雇主との関係の圏外からしか、労働者にもたらすことができない」と、同書のなかで指摘しています。これは、「労働者階級に対しては、社会主義的意識を注入しなければならない」ということです。

さらに「宣伝家は、主として、印刷された言葉によって、煽動家は生きた言葉によって、活動する」と語っていますが、これを現代社会に当てはめると、「宣伝家は、主として、新聞と書籍によって、煽動家はインターネットとテレビによって、活動する」ということになるでしょう。

マラパルテ『クーデターの技術』とレーニン「なにをなすべきか？」の二つを重ね合わせてみると、現代においても、国家権力を革命によって掌握することは決して不可能ではないことがわかります。少数のエリートを集めて革命組織をつくり、情報ネットワークとインフラを手中に収める。それらを通じて宣伝と煽動を行い、イデオロギーを注入すれば、国家権力を手に入れることは可能なのです。

中間団体の重要性

すでに述べたように、グローバル化が進行すればするほど、国家機能は強化されるので、独裁制に近づいていきます。

しかしここでもう一歩踏み込んで考えたいのは、「独裁は悪か」という問題です。たとえば、ウクライナの隣国ベラルーシ共和国は、長期にわたってアレクサンドル・ルカシェンコ大統領の独裁が続いている国です。独裁ですから、自由はない。でも仮にウクライナがベラルーシのような独裁制であれば、今回のような内戦は起きなかったかもしれません。はたして、一般大衆にとって、ウクライナとベラルーシのどちらがよい国と言えるでしょうか。

注意すべきは、ここで問われているのは「民主主義か独裁か」という選択ではないということです。『独裁者のためのハンドブック』に触れて説明したように、民主主義と独裁制は論理的には矛盾しません。

たとえばある国に三〇〇人の議員からなる国会があるとしましょう。この三〇〇人を二九九人にしても、議会は民意を反映する場所として成立しています。じゃあさらに二〇〇人だったらどうか、一〇〇人だったらどうか……と考えていくと、最終的には一人でも三〇〇人の場合と機能的には等価ということになります。ですから、日本も含めて世界が独裁的な王制へと向

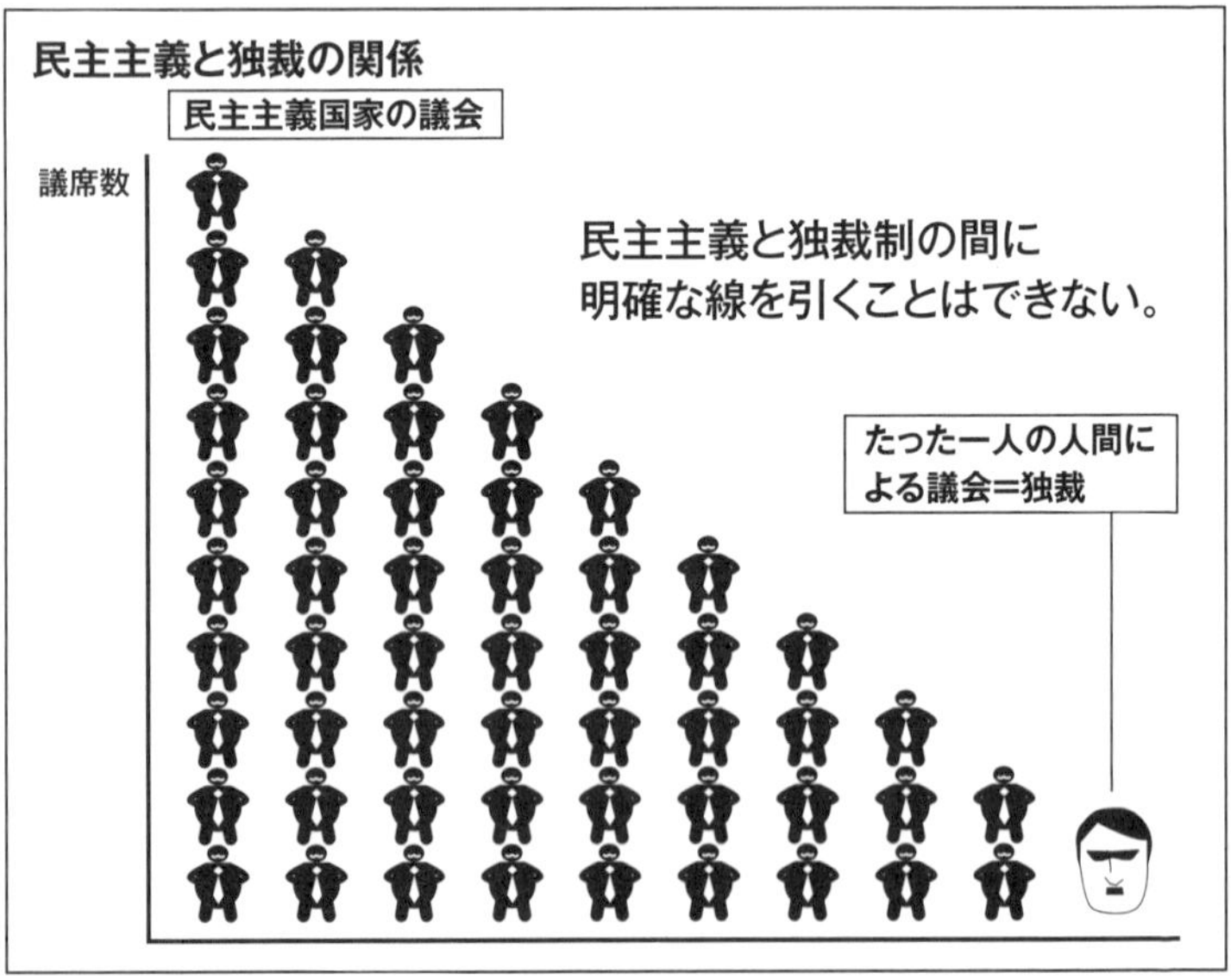
民主主義と独裁の関係
民主主義国家の議会
議席数
民主主義と独裁制の間に
明確な線を引くことはできない。
たった一人の人間に
よる議会＝独裁

かっているのは、「民主主義の危機」というよりも「民主主義の純化」と考えることができるのです。

このように考えたとき、ウクライナとベラルーシの違いは「自由」か「(独裁も含めた)民主」か、という捉え方をしなければなりません。

グローバル資本主義は、当然「自由」に価値をおきます。自由を追求するのであれば、当然、格差拡大も是ということになる。そして、政治的には「無政府主義」へと向かいます。

一方、「民主」に価値をおけば、経済的な格差は小さくなるでしょう。しかし、それは「国民全員が平等に貧しくなることもいたしかたない」と、受け止めなければなりません。むろん、政治的には「独裁でも構わない」ということになります。

グローバル資本主義の浸透によって「個人の

アトム化」が進むと、その反動から国家機能を強化するために独裁や新・帝国主義、ファシズムへと舵が切られていく。また、国家による規制や介入を取り払うことを目指す新自由主義は、個人を疎外します。非正規雇用労働者が三分の一を超え、その多くが年収二〇〇万円以下という状況はすでに地獄に一歩足を踏み入れていますが、それがさらに進めば、資本主義は自壊します。その強烈な反動で国家が肥大化すれば、戦争への道に突き進んでいく動きを止めることができなくなります。

では、我々はどうやって、「自由」と「民主」の折り合いをつけていけばよいのでしょうか。それには、「中間団体を再建することが重要だ」と私は考えます。中間団体というのは、宗教団体や労働組合、業界団体、地域の寄り合いやサークルなどのことです。

フランスの哲学者シャルル・ド・モンテスキュー（一六八九〜一七五五年）は、三権分立を提唱した人物として知られていますが、彼はまた中間団体の重要性を指摘しています。すなわち、国家の専制化を防ぐには、貴族や教会といった中間団体が存在することが重要だということを言っているのです。

中間団体が壊れた国では、新自由主義によってアトム化した個人が国家に包摂されてしまいます。そうなると、国家の暴走に対する歯止めを失ってしまう。その手前で個人を包摂し、国家の暴走のストッパーともなる中間団体を再建することこそ、現代の最も重要な課題なのです。

第二部

「知のツール」の活用法

第五章

私が電子書籍を使うわけ

電子書籍元年はなぜ来ないのか？

この章からは実践的な読書術を紹介します。とりわけ現在は、電子書籍が少しずつ読書人を中心に浸透しつつありますので、「電子書籍をどのように活用すべきか」という点に主眼をおいた読書術を考えていくことにしましょう。なお、紙の本をどう読むかという技法については拙著『読書の技法』（東洋経済新報社）に詳しく解説したので、そちらを参照してください。

さて、電子書籍の活用法を考えるにあたって最初に考察しておきたいのは、「電子書籍は教養を身につける方法の中心となりえるか」という問題です。

ｉＰａｄやソニー・リーダーなど、電子書籍リーダーが続々と発売された二〇一〇年、メディアは盛んに、日本の「電子書籍元年」到来と騒ぎ立てました。しかし当時の電子書籍市場は、端末はあれどもコンテンツが貧弱だったので、「電子書籍元年」は空振りに終わりました。さらに二〇一二年には、楽天のコボ（kobo）やアマゾンのキンドル・ペーパーホワイト（Kindle Paperwhite）が登場し、このときもまた「電子書籍元年」という言葉が紙面に躍りました。それ以降、たしかに以前と比べてコンテンツは格段に増えてきました。

しかし日本に「電子書籍元年」は、まだ訪れていないと私は考えています。それは単に、電子書籍を読む人の数が少ないからではありません。より根源的な理由は、現在二〇歳を超えている人たちにとって、知識を得るという点では電子書籍での読書はあまりに非効率的だからです。

現在の成人は、本は紙で読むという習慣を子どもの頃から身体的に獲得しています。こうした子どもの頃の刷り込みというのは、知識の習得についても決定的な影響を与えるのです。

そのことを踏まえれば、本当の「電子書籍元年」は、小学校の教科書が電子書籍化されてから一五年ぐらい経って、初めて来るはずです。すなわち小学校一年生、二年生ぐらいから電子書籍に慣れ親しんでいる子どもたちが自分の給料で本を買うようになったとき、初めて電子書籍の時代が到来する、というのが私の考えです。

したがって「電子書籍時代の読書術」の大前提として、「現在の成人が基礎知識や基礎教養を身につけるために読む本は、まず紙で買うべきだ」と理解しておいてください。しかし、だからといって電子書籍が必要ないというわけではありません。電子書籍は上手に使えば、教養を身につけるための大きな武器になるのです。

そこで私は、紙の本と電子書籍を併用することを推奨します。両者を上手に併用すれば、知識の定着率や学習効果が格段にアップするからです。本章では、私自身の経験を織り交ぜながら、教養を身につけることを目的とした、電子書籍の賢明な使い方を考えていくことにしましょう。

タブレットと電子書籍専用端末は別物

まずひとくちに電子書籍リーダーと言っても、iPadのようなタブレット端末と、キンドル・ペーパーホワイトのような電子書籍専用端末はまったくの別物です。そして、電子書籍を真剣に活用することを考えるのならば、迷うことなく電子書籍専用端末を買ったほうがいい。

専用端末を勧める理由は、人間は易《やす》きに流れてしまうからです。遊べる機能が付いているタブレット端末を持てば、ネットサーフィンやゲームなど、必ず遊びに走ってしまう。多くの人は、タブレット端末と専用端末を比べると、多機能なタブレットを選んでしまいがちです。しかし、電子書籍専用端末を使うメリットとは、「ネット断ち」できること、つまり簡単にインターネットにつながらない不自由さにあるのです。

両者の違いはみなさんが思っている以上に重要です。なぜなら、ちょっとした空き時間の活用法がまったく違ってくるからです。

たとえば、通勤中に電子書籍を読もうと思ってタブレット端末を出したのに、ついメールやツイッターを見てしまい、気づいたらもう駅に着いていた――そんな経験を持つ人が実際にいるのではないでしょうか。しかしキンドルであれば、ネットサーフィンやメールは基本的にできませんから、通勤時間中まるまる読書に専心することができます。そういった習慣を持てるかどうかが、知識人になれるかどうかを分けるのです。またメディアとしても、バックライトで背面から照射する液晶に対して、電子書籍専用端末は自発光しないので目が疲れにくく、紙の本のように読み進めることができます。感覚的に紙の本に近いため、知識が頭に入りやすい――そこが、大きなアドバンテージだと言えるでしょう。

電子書籍は「二冊目」を読むのに適している

では、具体的に電子書籍をどのように使うべきか。これはどんな電子書籍を読むべきか、という問題とも関わってきます。

当然のことですが、電子書籍を持っているだけで頭がよくなるわけではありません。それは本を買ってきただけ、新聞を購読しているだけでは頭がよくならないのと同じで、読まなければ意味ないからです。でも、実際にキンドルを買った人の話を聞くと、かなりの確率で飽きて使わなくなってしまっている。コンテンツが貧弱なので、欲しい本がなかなか見つからないという声も多かったです。

たしかに現状の電子書籍コンテンツを見ると、教養を形づくるような本は出揃っていません。特に、基礎教養を身につけるうえで必須のコンテンツと言える中学・高校の教科書や学習参考書がほとんどないことに、私は不満を感じています。

そういった現状を考慮すると、電子書籍では読書に対する発想を変えなければいけません。どういうことかというと、当分の間、電子書籍は「新しく読むための本」とは考えないことです。では、何を読めばいいのか。「教養を身につけるための電子書籍の読書術」として私が勧めたいのは、「紙の本と同じ本を電子書籍で読む」――つまり「二冊目」を電子書籍で買うということです。あくまでも最初は紙で読むことを原則として、紙で読んで常時携帯しておきたい本、あるいは紙の本は将来的に捨ててしまうかもしれないけれど、持っておいたほうがいいと思う本を電子書籍で買うのです。

なぜ、紙で持っている本をわざわざ電子書籍で買い直さなければいけないのか、と疑問に思う人もいるでしょう。それは同じ本を電子書籍で買うことによって、端末が「携帯図書館」になるからです。

この携帯図書館にはさまざまなメリットがあります。人との会話のなかで、読んだ本から引用する際に、端末を持っていれば正確に引っ張ってくることができる。また、人間の記憶力は頼りないので、本を一度読んだだけでは内容がなかなか頭に残りません。しかし細切れの時間を使って、同じ本を電子書籍で何度も再読すれば、理解が深まるし知識も定着しやすい。

たとえば私のキンドルには、泉鏡花《いずみきょうか》の**『天守物語《てんしゅ》』**とその現代語訳が入っています。私にとって泉鏡花は、文章表現の最上の教科書です。自分が考えていること、思っていることと表現された文章の間には、必ず距離が発生します。つまり、考えていることを文章で忠実に表現するのは非常に難しいということです。ところが、泉鏡花は相当複雑なことを考えているのに、それを文章で的確に表すことができている。特に『天守物語』は泉鏡花の最高傑作だと思います。そこで私は『天守物語』をキンドルに入れて何度も読み返すことで、泉鏡花の文章表現を勉強しているのです。

同じように、海外の古典ではフョードル・ドストエフスキーの『**カラマーゾフの兄弟**』をキンドルに入れて、時々読んでいます。それはこの作品の最大の山場である「大審問官」について正確に話すことができるようにするためです。

『泉鏡花 現代語訳集3 天守物語』
泉鏡花著、白水銀雪訳（電子書籍版のみ）

白鷺城（姫路城）の最上層、第五重天守に住む稀代の美女・富姫。富姫が地上での鷹狩りをしていた武士たちから不思議な力で鷹を奪い取ると、若い美男の鷹匠・図書之助が鷹を追って天守へと登ってくる。やがて、富姫と若い鷹匠は恋に落ちることとなる——明治後期から昭和の初めにかけて活躍した作家・泉鏡花の戯曲「天守物語」の現代語訳版。

『カラマーゾフの兄弟』（全四巻＋エピローグ別巻）
ドストエフスキー著、亀山郁夫訳
光文社古典新訳文庫（電子書籍版あり）

文豪ドストエフスキーの遺作にして、『罪と罰』と並ぶ最高傑作と言われる作品。圧倒的に粗野で好色きわまりない父親フョードル・カラマーゾフの血を引く、ミーチャ、イワン、そして主人公アリョーシャの三兄弟を軸に、親子・兄弟・異性など複雑な人間関係が絡み合う。

このように、自分にとって理解を深めたい本、知識を定着させたい本を、ちょっとした細切れ時間や暇つぶしの時間に随時読んでいく。重要なのは、それを習慣化することです。空き時間にゲームをするのではなく、キンドルで「大審問官」のくだりを覗いてみることが習慣化されると、自分にとって面白いと思うことが変わってきます。つまり、同じゲームを繰り返し遊ぶことを面白がるように、『天守物語』や『カラマーゾフの兄弟』を読み込むことが面白くなってくるのです。

電子書籍が画期的なのは、今までは物理的に制限のあった持ち歩ける本の量を、飛躍的に拡大させたことです。紙の本だけしか持てなければ、カバンのなかには新しい本が優先的に入ってしまう。ところが電子書籍端末では、一〇〇〇冊以上を持ち歩くことができるので、過去に読んだ本へのアクセスが圧倒的にしやすくなりました。その利便性を最大限に活用する方法が、「二冊目」としての読書なのです。

『資本論』を使ってアベノミクスを読み解く

私自身の電子書籍の活用例を説明するために、もう一冊――今度は経済学方面の本を紹介しておきましょう。ここで紹介する伊藤誠氏の『**「資本論」を読む**』は、現代経済を読み解くうえで大きな示唆を与えてくれます。

現在、アベノミクスを巡って、久方ぶりの経済書ブームが起こっています。しかしその様相は、神学論争とそっくりです。一方では日銀が大量のマネーを市場に供給する金融緩和は正しいと言い、他方では金融緩和はまずいと言う。神学論争というものは、お互いが所属している教派の立場によって、ある問題に対する結論がすでに決まっている——それと同じように、アベノミクスに関するたいていの経済書は、書名を見ただけで結論がわかってしまうのです。結局、両者は「貨幣の数量と流通速度が、物価水準を決定する」という「貨幣数量説」を認めるか認めないかに帰着します。

ところが、そういった議論と比べて、マルクスが『資本論』で展開している貨幣論は、もっと本質的です。

伊藤誠氏は、マルクス経済学のなかでも、資本主義社会の内在論理を解明することを課題とした宇野《うの》弘蔵《こうぞう》（一八九七〜一九七七年）の後継とされる学者の一人です。したがって彼の『「資本論」を読む』も、基本的には宇野経済学が下敷きになっています。

ポイントだけをかいつまんで言えば、マルク

『「資本論」を読む』
伊藤誠著／講談社学術文庫（電子書籍版あり）

「まえがき」より●　あきらかにマルクスはソ連型社会とともに葬られてよい過去の理論家ではありえない。その主著『資本論』を経済学の原理論として読み、人類史の未来になにが期待できるか。ミレニアム最大の思想家とされるマルクスの主著の思想と理論に返って、われわれの生活の現実的基礎をなす資本主義市場経済のしくみと運動の特性を学び、考え直してみよう。

スには「貨幣の物神性《ぶっしんせい》」という理論があります。物神性というのは要するにモノが神様になってしまうことです。ふつう、お金は使ってこそ価値があるのですが、人間は貨幣そのものを神様のように崇めて価値あるものと考えてしまう。そういった貨幣の物神性ゆえに、守銭奴が生まれる――カネが信頼できることから、どんどんカネを貯め込むだけの人が出てくるというわけです。

しかし近代経済学は、貨幣の物神性なんて考えません。毎年二パーセントのインフレを起こすということになれば、自分の持っている貨幣の価値が年々二パーセント目減りしていくので、みんなカネを使うようになるだろう。現在の日銀が採用している「インフレ・ターゲット」政策はそういう発想から生まれたのです。しかし『資本論』の考えでは、本当にそうなるかどうかはわかりません。これからインフレが起きるという話を聞くと、非合理にも「もっとカネを貯《たくわ》えなければ」と考える人間が出てくる。「カネさえ手元にあれば安心」という、一種の信仰が生まれてしまうからです。

こうしたマルクスの「貨幣の存在論」は、近代経済学が見落としている部分ですが、私は今でも学ぶべき点が多いと思っています。『「資本論」を読む』はそのことを学ぶのに非常にいい手引きですが、一回や二回読んだだけで正確に理解することはできません。だから暇な時間を見つけて、電子書籍で繰り返し読むようにするといいでしょう。

電子書籍は「流し読み」に向いている

『「資本論」を読む』のような深く読み込む必要のある本は、「二冊目」として活用する——それが電子書籍の大原則です。しかし、流し読み程度で内容を理解できる新書や雑誌の記事などは、個々の関心に応じて読めばいいでしょう。また、一般的には現代小説も電子書籍向きです。つまり読み流せるような本ならば、新刊を電子書籍のみで買うのもいいということです。

私の経験として、電子書籍と紙の本の心理的な違いというのは、電子書籍のほうが読み飛ばしに対する抵抗感が少ないということです。だから、読み飛ばせる本の読書は、電子書籍に向いています。ただ、そういった本の多くは教養を身につけることにはあまり寄与しません。教養のための読書と娯楽のための読書は明確に峻別するべきです。

それ以外に注目したいのは、キンドル・ストアのように電子書籍ストアでしか手に入れられないコンテンツです。たとえば私の場合、山下一仁《かずひと》氏がフォーサイトで発表した「TPP反対論のデタラメを糺《ただ》す」をまとめたコンテンツを電子書籍端末に入れています。これは、TPP賛成論の立場が簡便にまとまっていてわかりやすい。

また先ほど紹介した泉鏡花の現代語訳は、電子書籍でしか売られていません。訳者は白水銀《しろみぎん》雪《せつ》というペンネームで、おそらく個人販売のような形でコンテンツを提供しているのだと思いますが、非常によくできています。こうした紙の本になっていない優良コンテンツがあることも、電子書籍のメリットとして挙げられます。

青空文庫に頼らない――キンドルの一番悪い使い方

ここで、電子書籍の一番悪い使い方を指摘しておきましょう。それは、とにかく無料だからと青空文庫をどんどんダウンロードして読んでいくという使い方です。

青空文庫には、名作古典が多い。だから青空文庫をたくさん読めば、教養が身につくと思っている人もいるかもしれませんが、それは大きな間違いです。

なぜなら、もはや漱石でも鷗外でも、現代人は「注釈」なしには正確に読むことができないからです。明治どころか、昭和初期の作品だってかなり困難かもしれません。したがって、注釈のない古典をやみくもに読むことは、ほとんど時間の無駄に等しい。

たとえば、夏目漱石の『それから』のなかに「天爵《てんしゃく》的」という言葉が出てきます。青空文庫には当然、注釈がありません。しかし角川文庫版の電子書籍では、「『天爵』は『人爵』に対する語で、天が生まれつきその人に与えている利益の意味。生来経済的に恵まれた環境に育ち、大した苦労もせず大学などを卒業して自然と高等な人間になった、ことをいっている」と、きちんと注釈があります。しかもハイパーテキストになっているので、参照もしやすい。だから電子書籍で古典を読むのに、お金を惜しんではいけないのです。

これは海外古典についても言えることで、先ほど紹介した『カラマーゾフの兄弟』も青空文庫の無料版がありますが、十分に読みこなしたいのなら亀山郁夫訳のほうを買うべきです。

もちろん、私は青空文庫の意義は十分に認めています。しかし、深い理解を目的とした読書には青空文庫は向いていません。青空文庫を利用するのであれば、青空文庫でしか手に入らないコンテンツを読むべきです。

たとえば、『猫の広告文』というコンテンツが青空文庫にはあります。これは、『吾輩は猫である』の広告文ですが、全集に入っているだけで、単行本や文庫では読むことができません。その広告文は次のように書かれています。

「吾輩は猫である。名前はまだない。主人は教師である。迷亭は美学者、寒月は理学者、いづれも当代の変人、太平《たいへい》の逸民《いつみん》である。吾輩は幸《さいわい》にして此《この》諸先生の知遇を辱《かたじけの》ふするを得てこゝに其《その》平生《へいぜい》を読者に紹介するの光栄を有するのである。……吾輩は又猫相応の敬意を以て金田令《れい》夫人《ふじん》の鼻の高さを読者に報道し得るを一生の面目と思ふのである」

これを漱石自身が書いて、自分で宣伝したわけです。そうすると、漱石というのは意外と商売人だったということがわかります。このように、せっかく青空文庫を使うのであれば、単行本や文庫に入っていないコンテンツに目を向けてみるのがいいでしょう。

電子辞書の百科事典を活用する

少し脱線しますが、無料という点ではウィキペディアも当てにしないほうがいい。ウィキペディアというのは国民性を反映していて、ドイツやチェコ、ロシアのウィキペディアはかなり記述が正確です。ところが英語版のウィキになると、独自研究（信頼できる媒体において発表されたことがないものを指すウィキペディア用語）が入ってくる。そして日本語版のウィキになると不正確な記述がさらに多くなります。たとえば私の出生地は東京都なのに、ずっと埼玉県になっています。

ドイツやチェコのウィキでは、知的な内容にはインテリしか入ってこない。そこには暗黙の知的公共圏ができあがっているのです。一方、日本には知的な公共圏が成立していません。そのため有象無象《うぞうむぞう》が書き込んでしまい、用語や概念が非常に粗雑に扱われています。

だから私は、平凡社の世界大百科事典を電子辞書で持ち歩くようにしています。二〇一三年、セイコーインスツルが発売した電子辞書には『平凡社改訂新版　世界大百科事典』が収録されているのです。それを常にカバンに入れて、空き時間に気になる項目を拾って読んでいます。この百科事典の入った電子辞書は画期的です。

百科事典を引いて読む習慣を持つことも、教養を身につけるのに大切なことです。私が子どもの頃は、家庭のなかに百科事典を置いておくという百科事典文化がありました。父親は二段階に分けて、私に百科事典を買ってくれました。

まず小学校一年のときに、学研の『こども百科事典』を買ってくれた。たしか一一巻くらいのセットですけど、これはボロボロになるまで読みました。私がそれに物足りなくなった小学校高学年のときに、平凡社の世界大百科事典を買ってくれました。これを私は中学時代と高校時代に一度ずつ、全巻を通読しました。だから、ある項目が何巻のどのへんに収録されているかということはだいたい見当がつきます。ウィキペディアの不確かな情報を避けるためにも、百科事典を参照する習慣は身につけるべきです。スペースをとらない電子辞書はそのための格好のツールになりえます。

さらに、私は調べ物をする場合、「G-Search」というビジネスデータベース（株式会社ジー・サーチ）や「ジャパンナレッジ」という辞書・事典検索サービス（株式会社ネットアドバンス）を使っています。有料なので「目的としている知識に到達するには、どのように使いこなせばいいか」といった知恵を働かせる習慣が身につくのもメリットの一つです。

英語力をつけるには日本の小説の英訳が役に立つ

読者のなかには、語学力向上のために電子書籍を役立てたいという人も多いと思います。電子書籍を用いた具体的な語学学習法は第七章で解説しますが、大原則としては、語学においても電子書籍を「二冊目」として活用することをお勧めします。

どういうことかというと、日本語で読んで面白かった小説を、英語の電子書籍で読んでみるのです。特に夏目漱石は、日本語の文章自体が明晰なので、英訳も読みやすく英語の学習には打ってつけです。筋はあらかた頭に入っているから単語の類推がしやすいという利点があるうえ、日本語表現と英語表現の違いを知ることができるので非常に勉強になる。たとえば夏目漱石の『それから』の英訳が“And Then”、『吾輩は猫である』は“I Am a Cat”と、タイトルを知るだけでも面白い。一方、「書生」という単語は“shosei”とそのままです。このことから、英語には「書生」にあたる概念がないことがわかります。英語の学習と同時に、比較文化を学ぶことにもなるわけです。

だから、日本語で読んだことのない本の原典を、無理して電子書籍で読むことは避けるべきです。加藤周一さんは『読書術』（岩波現代文庫）のなかで、小説は翻訳で読めと言っています。これはまったくそのとおりだと思います。

たとえば、ドストエフスキーの『罪と罰』をロシア語で読もうとしたら、標準的な日本人で一〇年はかかります。そのうち六年ぐらいはロシア語の文法と語彙《ごい》の習得です。ロシア文学を専門にする人以外は、そこまでして原典を読むより、翻訳を読んだほうがいいに決まっています。

教養にカネを惜しまない

青空文庫をはじめとして、電子書籍ストアには無料のコンテンツが数多くあります。しかし、書籍にカネを惜しんではいけません。角川版の夏目漱石の本は、キンドルでたいてい三〇〇円か四〇〇円です。そのカネを惜しんで読みが浅くなってしまうのは、もったいない。

カルチャースクールに行けば、一回二時間の講義で三〇〇〇円から四〇〇〇円はかかります。その金額を出せば、紙の新書が四冊――電子書籍なら少し安くなっているので五冊は買える。しかもカルチャースクールは、全員にわかりやすく内容を解説しようとしているので、二時間かけて新書の一章分も伝えられない。だから費用対効果を考えれば、電子書籍というのは非常にコストパフォーマンスが高いのです。

本章では、電子書籍を「二冊目」として活用することが、教養を身につける大きな武器になることを説明しました。

教養とは生き残るために必要な知恵のことですが、インテリジェンス＝教養ではありません。知性や理解力と訳されるインテリジェンスというのは、極論すればゴキブリや猫に対しても使える概念です。しかし人間にしか身につかない知恵は、知識に裏打ちされていなければいけない。つまり、教養とは「知識に裏打ちされた知恵」なのです。

そして、知識に裏打ちされた知恵を持つということは、考えを言語化できるということです。

インテリとは、自分のおかれている状況をきちんと理解して、それを言語によって説明できる人間のことを指します。

そのためにはできるだけ質の高い本を深く読み込み、反復しなければなりません。常に持ち歩くことができる電子書籍は、繰り返し読むことに秀でた道具ですから、教養を身につける手段としてこれを活用しない手はないでしょう。

第六章
教養としてのインターネット

情報収集の基本は新聞購読

前章では、電子書籍リーダーの選び方をはじめとした「教養を身につけるための電子書籍活用術」について解説しました。要点を述べれば、電子書籍リーダーは読書以外の誘惑が多いｉＰａｄのようなタブレット端末ではなく、キンドル・ペーパーホワイトのような電子書籍専用端末を使ったほうがいい。また電子書籍はすでに紙で読んでいる本の「二冊目」として活用することが重要であると、実例をまじえて説明しました。本章では、多くの人が高い関心を示している「情報収集術」について解説したいと思います。

ネット時代と言われる現在、非常に多くの情報がネット空間のなかに溢れています。しかし、ビジネスパーソンにとって最も重要な情報ソースは、今なお新聞であることは間違いありません。一次情報や事実関係に対する確認、特派員レポートや論説など、日本人が必要とする情報のほとんどは、新聞で得ることができるのです。

しかし、電子書籍という点においては、日本の新聞の購読環境はまだ整っていると言えません。英語版キンドルでは新聞を定期購読することが可能なのに、日本ではキンドルのような電子書籍専用端末で読むことができないからです。そのため、紙以外で新聞を読む場合は、パソコンやスマートフォン、タブレット端末の電子版のどれかを選択することになります。私自身は、紙では『東京新聞』『琉球新報』『沖縄タイムス』を、電子版では『朝日新聞』『産経新聞』

『日本経済新聞』『琉球新報』『沖縄タイムス』を購読しています。

前章で「読書のメインは紙の本であり、電子書籍は〝二冊目〟として活用すること」を推奨しましたが、新聞については電子版でも十分耐えられる仕様になっています。それは、PDFで紙面を一覧できるようになっているので、紙の新聞同様、新聞社による記事の優先順位が一目でわかるからです。したがって、情報収集の基本は新聞購読ということに変わりはありませんが、それは電子版でも構わないのです。

海外情報をどのように収集するか

しかし日本の新聞を購読しているだけでは、国際情勢を理解するうえで情報の空白部分が生じてしまう恐れがあります。なぜなら取り上げる海外情報に関して、日本の新聞社は横並びになることが多く、重要なニュースであるにもかかわらず報道されないことが多々あるからです。

では、海外情報はどのように収集すればよいのでしょうか。海外情報の集め方は、日本語だけによる情報収集と、日本語と外国語両方での情報収集という二通りの方法に大きく分けられます。さらに、外国語で情報を得られる人でも、英語だけの人と英語以外の言語も解する人との二通りに分かれますから、三通りの情報収集法があることになります。

ただ現実には、二カ国語以上の外国語に通暁《つうぎょう》している日本人はきわめて少数です。優秀なビジネスパーソンであっても、英語の習得に四苦八苦している人が少なくありません。しかし、世界で起きているさまざまな事象に対して質の高い情報を得るには、外国語に通じていたほうが有利なのは確かです。

たとえば、二〇一三年の六月二三日にアルバニアで議会選挙（一院制）が行われました。選挙では、野党の社会党を中心とする「ヨーロッパ的アルバニアのための連合」が、ベリシャ首相（民主党党首）率いる「雇用、繁栄と統合のための連合」を破って勝利しました。日本のメディアではほとんど報道されませんでしたが、このニュースは国際政治からすると非常に重要な問題を内包しているのです。

現在、アルバニアは政治・経済ともに混乱のさなかにあります。また、国民の七割がムスリムで、国内にアルカイダ系の訓練基地なども置かれている。さらに、国境を接しているコソボ、マケドニア、モンテネグロ、ギリシアにはアルバニア系住民が多い。そのような状況下で、この政権交代によって内政の混乱が進んだらどうなるでしょうか。国内にアルカイダの拠点がさらに建設される可能性が考えられるし、近隣諸国のアルバニア系住民の民族感情が刺激され、バルカン地域の不安定化につながる危険も出てきます。こうした状況から判断すると、ＥＵはアルバニアのＥＵ加盟を認める動きを進め、地域の安定化を図るのではないかと推測できるのです。

以上のような状況予測は、日本で当地の選挙結果だけを見ていてもほとんどわかりません。しかしロシア語を知っていると、入ってくる情報の幅が広がり、このニュースの重要性が見えてくるのです。

海外報道機関の日本語版ウェブサイトの活用

ただ、外国語の習得には多大な時間とエネルギーを要します。たとえばゼロからロシア語を勉強した場合、ロシア語の新聞を読めるようになるまで最低でも五年はかかるでしょう。それだけの時間をかける意味は、三〇代前半ぐらいまでならあるかもしれませんが、三〇代後半以降になると、同じ時間を使って他の仕事や勉強をしたときに期待される成果との機会費用（ある行動を選択することによって失われる、他の選択可能な行動のうちの最大利益を指す経済学上の概念）について考えなければいけません。

そうなると、「多くの日本人は無理に外国語を勉強するより、日本語での情報収集に専念したほうがいい」というのが私の結論です。たしかに先ほどのアルバニアの選挙のように、日本語では得られない情報もありますが、海外報道機関の日本語版ウェブサイトなどを活用することで、ビジネスパーソンとして知っておくべき基本的な国際情報の多くは手に入るのです。

たとえば中国の時事問題について知りたければ、『人民日報』をベースとした「**人民網**」という日本語版のウェブサイトがありますし、韓国であれば、『**朝鮮日報**』や『**東亜日報**』『**中央日報**』の日本語版ウェブサイトがあります。

英語での情報収集さえ難しい場合も、『**ウォール・ストリート・ジャーナル**』の日本語版ウェブサイトや『**フォーリン・アフェアーズ・リポート**』（有料）などを活用すれば、英語で発表されているグローバルな検討課題のコアな情報を入手することができます。

ロシア関連のニュースや論評は、ロシアの国営ラジオ『**ロシアの声**（VOR：The Voice of Russia）』の日本語版ウェブサイトの利用価値が非常に高い。『ロシアの声』は国営放送ですので、政府の立場に反する見解を述べることがなく、間接的にロシア政府の意向を知ることができるからです。その一例として、エジプト政変に関する論評を紹介しましょう。

『ロシアの声』によるエジプト政変の論評

二〇一三年七月三日夜（日本時間四日未明）、エジプト軍最高評議会のシーシ議長（国防相）が、国営テレビを通じて演説を行いました。ムルシ大統領の解任とともに、現行憲法の効力を停止して、最高憲法裁判所のマンスール長官が暫定大統領に就任すると発表したのです。

『ロシアの声』はこの出来事について、「アラブ革命の現実的力」という論評を七月六日に放送しました。その論評は日本語版ウェブサイトでも読むことができます。以下、それを引用します。

アラブ諸国での革命の鍵を握る要素は軍部である。この事は、つい先日のエジプトでの出来事が裏付けた。在野勢力の動きに無関心であったように見えたエジプトの将軍達が、突然イニシアチブを取ったのだ。分析専門家らは、これは予想された事だったと見ている。大部分のアラブ諸国の政治生活において、軍部の役割は、伝統的に大きいのだ。

軍部は、内政には直接タッチしない。あらゆる国々の法律は、軍を国外の敵から国を守る手段であると定めている。それにもかかわらず、ことが革命にまで及ぶと、やはり最終的な局面では軍部がイニシアチブを取る。例えば、一九六〇年代から七〇年代のラテンアメリカ諸国がそうだったし、今日でもアフリカの多くの国々がそうだ。イスラム世界でも、軍部は、一定の役割を果たし続けている。エジプトやリビア、チュニジアでは、政権を野党勢力に委ねたし、シリアでは現政権を支えている。

VOR記者は、政治学者のキリル・ベネヂクトフ氏に話を聞いた――

「エジプトは、隠れた『軍統治国家』の最も顕著な例です。ここ数十年間、エジプト軍は、真の意味での権力機関でした。それは隠れたものでしたが、ムバラク氏は、まさに軍部の代表者でした。彼が権力の座を去ったのは、自分の意志によるものではありません。かつて彼を権力の座に導いた軍部の決定によるものです。ムバラク退陣も、また今回のムルシ解任というクーデターも、実際の権力機関は軍部である事を示しています。エジプトにおいては、長年にわたり、この事は変わっていません。そして『ムスリム同胞団』やリベラル勢力の抵抗は、言ってみれば、海の表面で逆巻く波でしかありません」

エジプトの将軍達が、影の中に留まる事に我慢できなくなったというのは、十分あり得ることだが、現在かつてのナセル氏のようなまばゆいカリスマ性を持ったリーダーは存在しない。それゆえ民間の活動家の中に、政治的指導者を探そうとしているのだ。

（http://japanese.ruvr.ru/2013_07_06/117349865/）

これは、「アラブの春のパラドックス」について述べています。二〇一一年、エジプトでは「アラブの春」により独裁的なムバラク政権が倒され、その後、民主的選挙が行われました。そして、議会選挙と大統領選挙を経て成立したのが、ムスリム同胞団のムルシ政権でした。しかしムルシ政権により、世俗的な自由は急速に制限され、少数派に対する弾圧、人権の抑圧が起こったのです。このように民主化の結果、民主政治の定着がいっそう遠のいたというのが「アラブの春のパラドックス」でした。

こうした状況に対して、先の『ロシアの声』は「エジプトの実権は常に軍にある」ということを的確に伝えています。

では、現在のエジプトをロシアはどう見ているのか――この論評の最後は「国により事情は違うが、軍部の行動が決定的な役割を果たすという状況が、近い将来、変わる事は恐らくないだろう」と締めくくられています。このことから、現実主義的な観点から今回のクーデターを追認するというシグナルをロシア政府は送っていることがわかります。

このように、国際的な事件や事象に対して、日本の感覚とは大きく異なった視座が得られるので、海外のニュースサイトには目を通しておくといいでしょう。

メールマガジンは活用できるか？

近年、情報収集という点で存在感を高めているメディアにメールマガジンがあります。私自身も現在、**『インテリジェンスの教室』**（講談社ウェブメディア「現代ビジネス」／有料）というメールマガジンを月に二回配信しており、先述したアルバニアの政権交代やエジプトの政変についての詳細な分析を試みています。

メールマガジンを始めるにあたり、私は成功している二つの有料メルマガを研究しました。津田大介さんの**『メディアの現場』**と、堀江貴文さんの**『堀江貴文のブログでは言えない話』**です。私なりに分類してみますと、津田さんのメルマガは「交通整理型」だと考えます。津田さんは、大量に溢れるネット情報のなかから、価値のあるニュースを選別して紹介したり、識者との対談を掲載したりして、多くの購読者を獲得しています。非常にボリュームのあるメルマガをつくられていますが、これは相当数のスタッフがいるから可能なのです。一方、堀江さんのメルマガは「ジャパニーズ・ドリーム追求型」。ビジネス色が強いのと同時に、堀江さんに関心がある人向けにつくられているので、堀江さんのようにお金儲けをしたい人たちが読者の大部分だと考えられます。

分析の結果、どちらのメルマガも私の方向性とは違うということがわかりました。そこで二人とは異なる方向でどのようなメルマガがいいのかと考え、「インテリジェンス・レポート」というコンセプトに落ち着いたのです。

さて、それでは数多く配信されているメルマガを、情報収集という観点からどのように活用すればいいのでしょうか。

その答えは――前章の電子書籍の活用法とも重なりますが――「お金を出す」ことです。メルマガも電子書籍同様、無料のものが数多く存在します。しかし、人間はケチな動物ですから、お金を出して購入したメルマガほど、払った分を取り返そうと一生懸命読むものです。こうした人間の心理を馬鹿にすべきではありません。お金を払ってコンテンツを購入することで、記憶の定着率はより高まるのです。

有料メルマガの購読を勧めるのは、それが質の担保にもつながっているからです。無料メルマガの場合、市場原理が働きませんから、いかに読者数が多くても質が高いとは限りません。その点、有料メルマガでは質の悪いものは自然に淘汰されていきます。

購読すべきメルマガの選び方

では、数ある有料メルマガのなかから、いったいどれを購読すればいいのか――選択方法として「ある分野の専門家が、専門の範囲内で書いている」ということが挙げられます。逆に、森羅万象《しんらばんしょう》のニュースを扱っているような個人メルマガのほとんどは、知的クオリティが低いので、手を出さないほうがいい。

実践的なアドバイスとしては、有料メルマガの多くに無料購読期間があるので、まずそれを利用してみる。自分の求めているものと違うと感じたら購読すべきではないし、もし継続して読み始めたメルマガでも、質が落ちたと思ったらすぐに解約することです。

また、一見専門的な議論をしているように見えても、誤字や事実関係の間違いが多いなど、校閲がかかってないようなメルマガは、質が低いと判断して構いません。いい加減な情報というのは「ノイズ」にすぎない――情報収集術のポイントは、ノイズにすぎない情報をいかに除去するかにかかってきますので、明らかに事実関係を間違えている記事や強い偏見を含んだ論説には目を通さないほうがいいでしょう。

同様に、個人ブログや個人ニュースサイトのような個人メディア、それとポータルサイトのニュース記事のようなものも情報収集・情報分析という点からは非常に効率が悪いと言えます。その理由を説明しますと、まず多くの個人メディアが取り上げている情報のほとんどは、新聞から得られたものだということです。したがって一次情報の確認という点で、個人サイトはほとんど用をなさない。また、質の悪いメルマガと同じように、個人サイトの記事には編集機能や校閲機能が欠如しているので、自己中心的な意見に偏りがちです。

一方、「Ｙａｈｏｏ！ニュース」のようなポータルサイトは、マスメディアと提携して記事を配信しているので、個々の記事の内容についての信頼性は高い。しかし、ポータルサイトのニュースは、情報の重要度ではなくアクセス数によって配列されているので、ビジネスパーソンの仕事には不要な芸能情報やセンセーショナルな事件が上位に掲載されやすい。国内外の政治情勢や経済状況を読み解くためのソースとしては、雑音が多すぎるのです。

電子書籍を日々の情報収集に活かすには？

ここまで見てきたように、現在は海外の重要なニュースや論評が、質・量ともにかなりの程度まで日本語で得られるようになってきました。また、情報収集に役立つ有益な個人メルマガなども増えてきています。

しかし、一冊の本から吸収できるものが、人によってまったく異なるのと同じように、一つの情報に触れても、そこから得られるものは個人によって大きく違ってきます。また、メルマガ選びのところで述べたように、ノイズ情報を除去するための「フィルター」も必要となってくる。

日々配信される情報をいかに取捨選択し、本物の知識や教養として血肉化していくか――そこで重要になってくるのが、目にした記事の背後関係を読み解く基礎教養や基礎知識です。その基礎教養や基礎知識を獲得するときに、最も重要な「事実確認」という点で、電子書籍は強力な支援ツールとなります。本物の知識や教養を身につけるための第一歩は、電子書籍専用端末のなかにベーシックな本を入れることから始まるのです。

たとえば沖縄関連のニュースを読んで、ある事実を確認したいと思ったら、私であればアメリカの沖縄学者ジョージ・H・カーの『Okinawa: The History of an Island People』(Tuttle Publishing)を参照します。この本は翻訳がないのが残念ですが、沖縄史について非常によくまとまっている基本中の基本といえる歴史書です。

経済に関しては、第五章では伊藤誠氏の『「資本論」を読む』を紹介しましたが、私の場合は英語版の『資本論』も入れてあります。こういった哲学・思想関連の本は、ある程度英語ができる人なら、英語で読んだほうがわかりやすいことも多いのです。

また、雑誌であれば、『週刊東洋経済』が関心の高かった特集を「週刊東洋経済eビジネス新書」というシリーズで切り売りしています。たとえば私のキンドルには同シリーズの「ユニクロ 疲弊する職場」や「シェール革命 米国最前線」が入っています。どちらも非常に質の高い解説記事が掲載されており、基礎データや事実の確認に役立っています。自分の関心に応じて、気になった記事を入手していくといいでしょう。

教養のベーシックは紙の本でしか身につかない

このように電子書籍を自分専用のライブラリーとすることで、密度の濃い情報を収集することが可能になります。しかし、それでも電子書籍だけで教養を身につけるには限界がある。その理由は、前章でも述べたように、教養のベーシックとなる本の多くが、まだ電子書籍化されていないからです。
したがって、ノイズを除去し、重要な情報を読み解くための基礎知識は、「電子情報の外側」にある紙の本でしかつくることができないと言えるでしょう。具体的には、歴史であれば、高校の日本史や世界史の教科書を通読したうえで、『岩波講座 日本通史』『岩波講座 世界歴史』など、専門の研究者たちによる通史のシリーズ本を読んでみることです。こうした読書を通じて、日本史・世界史の基礎を強化することができれば、エマニュエル・トッドの**『移民の運命――同化か隔離か』**を読みこなすこともできるようになります。

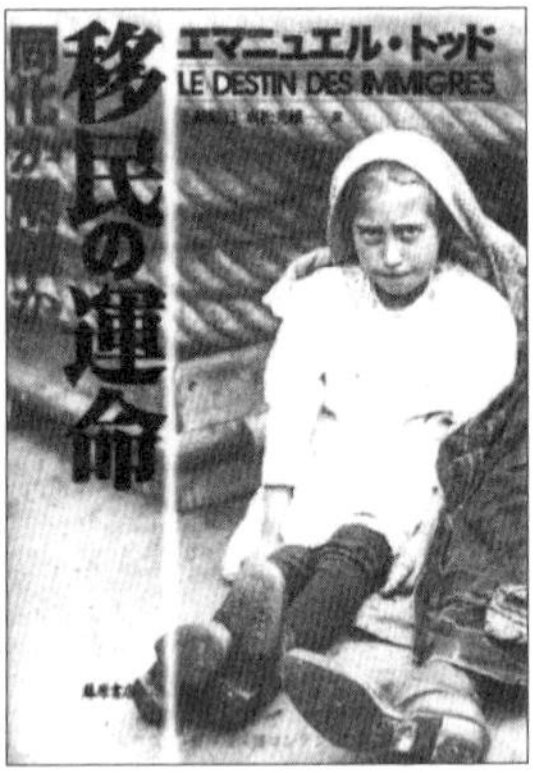

『移民の運命――同化か隔離か』
エマニュエル・トッド著、石崎晴己、東松秀雄訳／藤原書店
「日本の読者へ」より● 移民流入はどの国においても必要であると同時に問題をはらんだ現象となっていることを、認めなければならない。もっとも発展した社会は世界全体に開かれなければならない以上、移民流入は歴史の流れの一環をなすのである。

大著『移民の運命』は、電子書籍化はまだされていませんが、国際政治を考察するうえで必読の一冊です。同書でトッドは、ヨーロッパにおける「普遍主義」と「差異主義」という二つの人間観の違いは、家族制度によって決められるという考えを示しています。兄弟が平等に遺産を相続するパリ盆地と地中海周辺の地域では、人類は平等であるという普遍主義が生まれる。一方、ドイツのような長子相続や、イギリスのように遺言によって特定の子どもが相続できる家族制度だと、兄弟の不平等観がそのまま人類の不平等観へと反映される。これをトッドは差異主義と呼んでいます。

こうした家族制度の違いが、人々の価値観やイデオロギー、政治や法制度、移民の受け入れなどにまで強い影響を与えていることを論証しているのが、『移民の運命』をはじめとしたトッドの著作群です。こうしたトッドの方法論は、先ほどの「アラブの春のパラドックス」の問題を考えるうえでも重要な示唆を与えてくれます。このような基礎教養があって初めて、電子情報は世界を分析するための有用な知識となってくるのです。

ネット空間の情報はノイズ過多だし、電子書籍はコンテンツのラインナップが不十分です。だから、「電子書籍の外側」である紙の本が、まだしばらくは基礎教養を身につけるベーシックな手段であり続けるのです。

電子情報を用いた情報収集法

「人民網」
http://j.people.com.cn/

『朝鮮日報』
http://www.chosunonline.com/

『東亜日報』
http://japanese.donga.com/

『中央日報』
http://japanese.joins.com/

『ウォール・ストリート・ジャーナル』
http://jp.wsj.com/home-page

『フォーリン・アフェアーズ・リポート』
http://www.foreignaffairsj.co.jp/

『ロシアの声（VOR：The Voice of Russia）』
http://japanese.ruvr.ru/

『インテリジェンスの教室』
http://gendai.ismedia.jp/category/worldnews

『メディアの現場』
http://tsuda.ru/category/tsudamag/

『堀江貴文のブログでは言えない話』
http://www.mag2.com/m/0001092981.html

「週刊東洋経済eビジネス新書」
東洋経済新報社
（配信電子書店は、kindleストア、
紀伊國屋書店Kinoppy、
楽天Koboなど）

第七章

「知の英語」を身につけるには

なぜ日本人は英語が苦手なのか

具体的な学習法の紹介に入る前に、これからのビジネスパーソンにはどのような英語力が必要になるか、という問題をまず考えておきましょう。この問題を考えるベースとして参考になるのが、「世界に通じる英語教育とは」と題された立教大学特任教授・鳥飼玖美子《くみこ》さんのインタビュー記事（『月刊日本』二〇一三年五月号収録／キンドル版あり）です。

この記事のなかで、鳥飼さんは現行の英語教育改革論議を痛烈に批判しています。たとえば高校の卒業要件や大学入試にＴＯＥＦＬを活用するという改革案に対して、「そもそも日本の高校生は語彙力からして無理」と断言している。その理由について以下のように説明しています。

自民党政権下で語彙は一貫して減らされており、一九五一年に上限六八〇〇語だったものが二二〇〇語まで下がり、新学習指導要領では少し増やしたといってもたかだか三〇〇〇語です。これでは語彙面だけでもＴＯＥＦＬには太刀打ちできません。なにしろ、ＴＯＥＦＬは北米の大学で講義についていけるかどうかの英語力を測る試験です。（『月刊日本』二〇一三年五月号五三～五四頁）

さらにＴＯＥＦＬは「リーディング、ライティング、リスニング、スピーキングの四分野とも極めて高い論理的な英語力を要求」するテストで、「本気でＴＯＥＦＬを導入するならば、学校の英語はむしろ、多くの人が拒否感を持っている読解中心の授業にしなければならない」と、鳥飼さんは述べています。

私もこの意見に賛成です。現在の日本の英語教育は、とにかく英語で会話できればいいという非常に薄っぺらいコミュニケーション観しか持っていませんが、「知識人の英語」を身につけるには、読解を中心に学ばなければなりません。

現在の日本を覆っている「英会話至上主義」の根源には、英語を使いこなせるような英語教育を受けられなかったことへの「不満」や「怨嗟《えんさ》」があるのではないでしょうか。こうした現状に対して、鳥飼さんは「小中高と一二年間体育をやってきたのにテニスが下手なのは学校の体育教育が悪いからだとはならない。本人の資質であったり努力不足のせいだと納得するのに、英語だけは非難囂々《ひなんごうごう》です」と巧みな比喩で説明しています。加えて、基本的な英会話能力程度ならＴＯＥＦＬなど不要だと言っています。

子どもレベルの会話ならすぐにできるようになる。しかし、単語を並べた程度の英会話では、本当の意味でのコミュニケーションにはならないというのが、鳥飼さんの批判の重要なポイントです。

どういう段階を踏んで学習すべきか

一方、知的な仕事の分野では、英語と数学の必要性が非常に高まってきています。特に数学は、十数年前から経済学も社会学も数学と〝結婚〟しているので、数学的な言語を使えないと、ほとんど理解できないという状況になってしまっている。

同様に、今後はグローバル化の拡張にともなって、英語を必要とする業務がますます増えていくことは疑いありません。たとえば大多数の企業会計は、国際会計基準で行われるようになるので、会計ソフト自体が英語化していくでしょう。このように企業内で扱うソフトや資料、ドキュメントが英語化するので、日本のビジネスパーソンにとって英語から逃げるという選択肢はほとんどなくなっていきます。

裏返して言うならば、英語から逃げることができる職業というのは、高度な日本語を駆使する職業か、日本的な文化のコンテクストのなかで行われる職業、もしくは会話をほとんど必要としない単純労働といったものに限られる。

このように考えると、今後ビジネスパーソンの多くは英語とつきあっていかざるをえなくなる。では、大学卒業以降、錆びついてしまった英語力をどのように磨き直せばいいのか。

今回、私が紹介する学習法は、高校生レベルの文法や語彙は習得していることを前提としています。もしそのレベルに達していないのであれば、中学生レベル・高校生レベルの文法と語彙を身につけることに専念してください。

「学校英語は役に立たない」という批判がありますが、それは大きな誤解であり、むしろ学校英語を十二分に消化できていないところに英語力が伸びない原因があります。高校生レベルの英文法と語彙を完璧に習得すれば、相当の英文が読解できるようになります。そのうえで語彙や表現を積み重ねていけば、ビジネスで困らない程度の英語力に到達するのは難しいことではありませんし、英語圏の大学の講義にも対応できるようになります。

以上を踏まえたうえで、ビジネスパーソンが目標とする英語レベルをどこにおくかというと、私は「『インターナショナル・ニューヨーク・タイムズ』（旧称『インターナショナル・ヘラルド・トリビューン』）紙を辞書なしで読んで、要旨をつかむことができる」ことだと考えます。英検でいえば準一級くらいでしょうか。そこで、このレベルを目指して英語力の向上を図るために、有益となる電子書籍の活用法を具体的に紹介してみたいと思います。

電子書籍の洋書で最初に読むべき本

まず第一段階の本は、ラフカディオ・ハーンの『Kwaidan : Stories and Studies of Strange Things』です。これは非常に学習効果の高い本です。私は基本的には無料版の本は勧めないのですが、本書に限っては有料版も無料版も内容が同じなので、無料版で構いません。『Kwaidan』の英文は名文で、しかも読みやすい。英語の勘を取り戻すには打ってつけのテキストと言えるでしょう。レベルとしては、だいたい高校一年生の秋ぐらいの英語力で読みこなすことができます。語彙の面でも、少し特殊な単語を除けば、三〇〇〇語から四〇〇〇語の単語力で対応できる内容だと思います。

読み方としては、最初に日本語訳でストーリーを頭に入れてから、英語版（原書）を読む。そうするとストーリーは理解できているので、知らない単語が出てきてもある程度の意味がつかめ、ストレスなく英文を読み進めることができます。

「古い本を読んで現代英語の役に立つのか」と思う方もいるかもしれませんが、それは的はずれな批判です。日本語であっても、たとえば夏目漱石の文章を難なく読みこなせることは、教養のある日本人にとって必要なことです。なぜなら、それが現代日本人が用いる日本語のベーシックとなっているからです。それと同じ意味で、ラフカディオ・ハーンの英文は、教養人・知識人の英語のベーシックになっているのです。

『Kwaidan』に収められた物語のなかで、特に学習用に勧めたいのが「DIPLOMACY」という一篇です。これは邦訳では「はかりごと」や「術数」、「策略」と訳されています。ある罪人が打ち首の刑に処せられるときに起きた不思議な出来事を綴ったお話ですが、「DIPLOMACY」は話のオチを言い表しています。

冒頭は、“It had been ordered that the execution should take place in the garden of the yashiki.”（打ち首は屋敷の庭で行われることに決まった）という文章から始まります。「打ち首」

のことを、処刑を意味する“execution”という単語で表現しているのが面白いですね。でも、ご覧のように英文自体は決して難しいものではありません（巻末特別付録参照）。

そこで、日本語訳を読んだ後は、この一篇の英文をすべて覚えてしまいましょう。日本語版の文庫で四ページ程度の分量なので、丸暗記するのは可能です。頭から諳《そら》んじていき、つっかえたらまた最初に戻ってやり直す。そういう繰り返しのトレーニングを毎日二時間ずつ行えば、五日から一週間もあれば丸暗記できるはずです。なぜ、このような暗記学習を勧めるかというと、これだけの分量を暗記すれば、さまざまなフレーズをストックでき、スピーキングやライティングにも応用できるからです。

この学習法の長所は、あらかじめ知っているストーリーの英文なので、記憶が定着しやすいというところです。ストーリーのない文章は、なかなか覚えづらい。その点、このやり方は、日本語訳で内容を理解したのちに英語版を読むので頭に入りやすい。英語は多読も大切ですが、

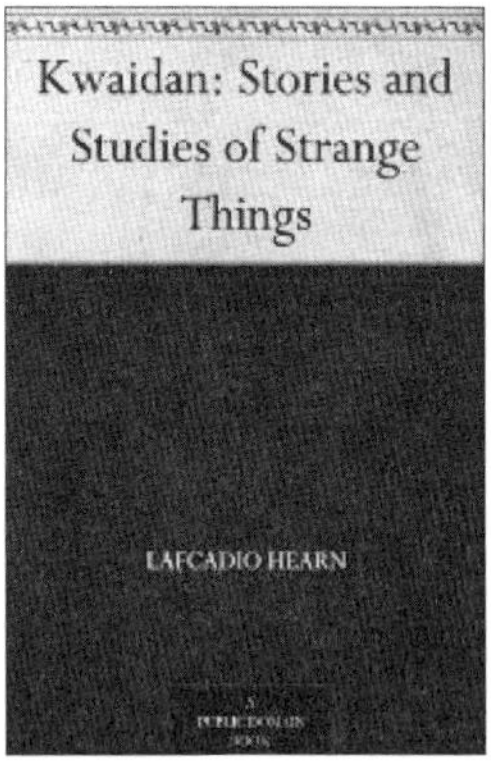

「DIPLOMACY」
（『Kwaidan : Stories and Studies of Strange Things』）
ラフカディオ・ハーン著／無料版

打ち首を命じられた男が刑の執行直前、主人に向かって「この怨みはきっとはらしてやる。悪いことをすれば悪いことが祟るぞ」と叫んだ。すると主人は「お前が本当にそこまで怨んでいるのなら、首をはねられた後、そこの飛び石に噛みついてみろ」と言い、男の首をはねた。そして切られた男の首は跳ね上がった後、見事飛び石に噛みつく──ギリシア出身のイギリス人ラフカディオ・ハーン（小泉八雲）が著した、怪奇文学作品集の一篇。

特定の文章を集中的に読むという学習も非常に効果的なのです。

日本の小説を英語で読む効用

では、第二段階に入りましょう。この段階の目標は、とにかく多読すること。そのための有効な学習法は、日本の有名な小説を英語で読んでみることです。その最初の一冊として私が推薦したいのが、夏目漱石『それから』の英訳『**And Then**』です。

まず、なぜ『それから』なのか、という理由を説明しておきましょう。『吾輩は猫である』『三四郎』『門』など夏目漱石の代表的な小説はほとんど英訳されています。それらを読み比べてみると、『それから』の英語版は非常によくできているのです。英語タイトルの『And Then』も見事な訳だと思います。この訳出の出来が理由の一つです。

さらに、先ほどのラフカディオ・ハーンの『Kwaidan』に出てくる“yashiki”もそうなのですが、『吾輩は猫である』では「書生」を“shosei”というふうに、日本語の単語をそのままローマ字表記で書いています。ところが『それから』に関しては、このようなローマ字表記がほとんどありません。ですから、日本のことを英語でどのように表現するのかという面でも非常に勉強になります。また、会話文や情景描写も正確に訳されています。

たとえば有名な末尾の一節を見てみましょう（次頁上段）。

Suddenly, a red mailbox caught his eye. The red color immediately leaped into Daisuke's head and began to spin around and around. An umbrella shop sign had four red umbrellas hanging one on top of the other. The color of these umbrellas also leaped into Daisuke's head and whirled around.

たちまち赤い郵便筒《ゆうびんづつ》が目についた。するとその赤い色がたちまち代助の頭の中に飛び込んで、くるくると回転しはじめた。傘屋《かさや》の看板に、赤い蝙蝠傘《こうもりがさ》を四つ重ねて高くつるしてあった。傘の色が、また代助の頭に飛び込んで、くるくると渦《うず》をまいた。（『それから』角川文庫、297～298頁）

この一節を読み比べるだけでも、「くるくる回転する」は"spin around and around"と表現するなど、学べることがたくさんあります。このように日本の文学を英語で読むと、両者の差異から英語的な思考や言い回しを学びやすいというメリットがあります。

漱石以外では、村上春樹作品の英訳も非常に優れています。村上作品の場合、残念ながら日本語版は電子書籍に入っていませんが、英語版は電子書籍化されています。たとえばミリオンセラーとなった『1Q84』（Vintage）は、ストーリーがまだ記憶に残っていると思いますから、これを英語で読んでみるといいでしょう。しかも英語版は値段も三巻分で一〇〇〇円程度と非常に安い。文章量も『それから』よりずっと多いので、多読のテキストとして打ってつけです。これだけの量を読みこなせば、読解の訓練とし

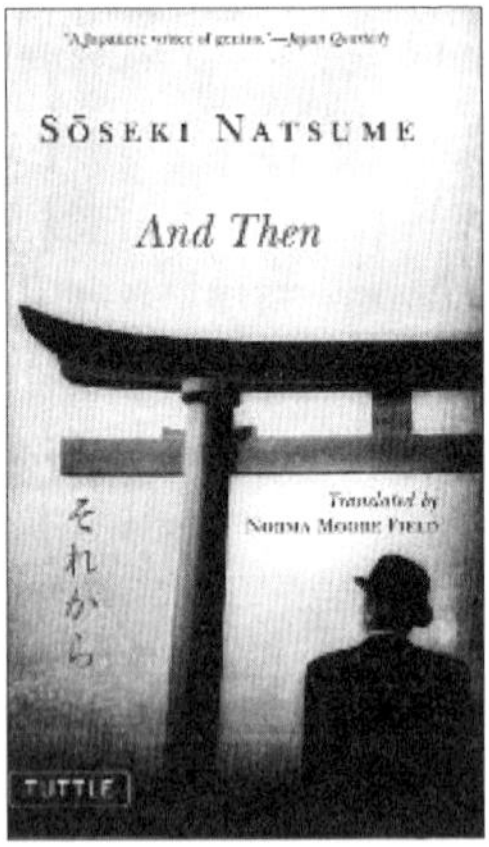

『And Then』
夏目漱石著、Norma Moore Field訳／Tuttle Publishing
『三四郎』『門』とともに「前期三部作」と呼ばれる、夏目漱石の代表作。最高学府を優秀な成績で卒業するが、働きもせず結婚もしない「高等遊民」長井代助の迷いを描いた小説で、一九〇九年に『朝日新聞』で連載された。

て十分です。

もちろんここに挙げた作品は一例であって、学習効果の高い作品は他にも多数あります。ドストエフスキーの『カラマーゾフの兄弟』も、英文の難易度としては村上作品と大差ありませんし、英語版の電子書籍は非常に安いのでお勧めです。古典名作の英語版は総じて安価で、だいたい日本語版の二〇分の一から三〇分の一程度で買うことができます。

いずれにしても重要なのは、とにかくストーリーを知っている作品を英語で一冊読み切ってみることです。一冊を読み切れば、「英語で読める」という自信がつきます。逆にそこで挫折してしまうと、英語に対する拒否反応が生まれる可能性があるので、多読の訓練の際は多少単語がわからなくても、つっかえずに読み進めていくことができる本を選ぶことが肝心です。どうしても知りたい単語がある場合のみ、キンドルに内蔵されている『プログレッシブ英和中辞典』で調べるようにしましょう。

文学や哲学の知識が知的ネットワークを広げる

第二段階の学習を経て十分な量の英文を読み込んだ人は、第三段階として、より高度な英語力を必要とする小説に挑戦してみるといいでしょう。その一例として推薦したいのが、アルバニアの小説家、イスマイル・カダレの『**The Palace Of Dreams**』です。

イスマイル・カダレは日本ではあまり知られていませんが、世界的には高く評価されている作家で、ノーベル文学賞候補にも何度か挙げられています。その意味で彼の作品は、知識人の読む小説だと言えるでしょう。

物語の舞台となる「夢宮殿」は、国民の見た夢をすべて収集している国家機関です。そこでは集めた夢の分析や解釈が行われており、国家にとって危険だと思われる夢を見つけ出すことが重要な任務とされています。そこに主人公の青年が配属されるところから物語は始まります。詳しい話の紹介は省きますが、この小説の面白さは、インテリジェンスや官僚制の世界を凝縮した比喩として読めるところです。つまり全国民が何を考えているかを把握して、それを分類し、そのなかで危険なことを考えている人間を事前に除去する。「夢宮殿」という虚構の機関は、そういったことのメタファーとして解釈することができるのです。

このように、『The Palace Of Dreams』は、描かれている世界が官僚支配や監視社会というテーマともつながる、知的興奮度の高い作品です。しかも物語の展開が面白く、小説としての

『The Palace Of Dreams』
イスマイル・カダレ著、Barbara Bray訳／Vintage Digital
ある日、名門「キョプリュリュ家」出身である主人公のマルク＝アレムは、帝国の国家機関「タビル・サライ」に勤め始める。そこは国民の見た夢を選別・解釈し、国家の存亡に関わる夢を選び出す機関で、マルク＝アレムはその仕事にかかわるうちに、巨大な国家権力の思惑に巻き込まれていく。国家が個人の無意識まで管理する世界を描いた、幻想と寓意に満ちた傑作。

完成度が非常に高い。こういう作品を英語で読むことは、勉強になると同時に、小説の内容を英語で少し説明できるだけでも、知的な人間関係の形成に役立ってくれるのです。

国際的なビジネスや交渉の場面で、日本人に圧倒的に欠けているのは、文学や哲学に関する教養です。有り体に言えば、日本のビジネスパーソンは"how much"の話しかしないので、ビジネスを超えた人間関係が広がっていかない。もし国際的な舞台で活躍したいのであれば、『The Palace Of Dreams』のような、知識人が好む小説を英語で読んでおくべきでしょう。本当の意味でのコミュニケーションには、異文化の人間とこのような文学や哲学の話をすることも当然含まれているのです。

センター試験で英語力を確認する

以上、「電子書籍で読む」ということを条件にして、具体例を挙げながら、三段階に分けて英語の学習術・読書術について説明してきました。

ここまで読んだ方のなかには「英語の学習法なのに、読解ばかりではないか」「コミュニケーション力を向上させるためには、英語のシャワーを浴びることが必要なのではないか」と思っている人もいるでしょう。しかし、英語のシャワーというのは、自分の英語力と同等レベルのものを浴びないと効果がない。つまり自分の理解できる範囲以上の英語を聞いても、身につかないのです。たとえば中学生レベルの英語力しかないのであれば、効果があるのは中学の教科書英語のシャワーですが、これは英語圏でいえば四歳児、五歳児程度の英語レベルですので、内容的には非常に貧しい。

ですから、繰り返しますが、まずは中学生・高校生レベルの文法を身につけて正しく英文を読めるようにする。その基礎の上で英文を多読して、語彙や表現を身につける。こうした下地があって初めて、高度な英語のシャワーを浴びることが意味を持ってくるのです。

高校生レベルの英語力を身につけたかどうかを確認する方法としては、大学入試センター試験の過去問を利用するのが一番いいと思います。センター試験の英語は、語彙数という点では不十分ですが、文法で必要な知識は網羅しています。大きい書店の学校参考書コーナーに行けば、たいていセンター試験の過去問は手に入るので、定期的に解いてみる。センター試験で九割の点数がとれるようになれば、あとは語彙数を増やしていくだけで十分です。

知識人の英語力を判定するIELTS

多くの人は英語力の検定試験というと、英検（実用英語技能検定）やTOEIC、TOEFLを思い浮かべると思います。しかしこれらの試験は、国際的には通用しません。

英検やTOEICはドメスティックな英語検定です。英検は日本の公益財団法人日本英語検定協会が実施している試験だし、TOEICは日本の通産官僚（当時）がつくった試験です。TOEICの受験者はほとんどが日本人と韓国人ですが、韓国は現在TOEFLに移行していますから、結局TOEICは日本向けの検定でしかありません。TOEFLはアメリカの試験で、基本的にアメリカの大学教育を受講するのに必要な英語力を判定するものです。

国際的に通用する試験としては、IELTS（International English Language Testing System：アイエルツ）というものがあります。IELTSは、イギリス、オーストラリア、カナダ、ニュージーランドなどではほぼすべての高等教育機関で認められている試験で、留学や海外移住申請にも用いられています。

この試験がユニークなのは、アカデミック・モジュールとジェネラル・トレーニング・モジュールという二種類の試験が用意されていることです。アカデミック・モジュールは知識人用の英語の試験で、ジェネラル・トレーニング・モジュールは労働者としての英語運用能力を試すものです。この試験は、リスニング、リーディング、ライティング、スピーキングすべてについて出題されるので、総合的な英語力を判定できるのが特徴です。しかもＴＯＥＦＬよりはるかに難しい。ですから、国際的に通用する英語力を試す場合には、ＩＥＬＴＳを受験することを推薦します。

語学学習の定石

外国語習得の定石を述べた古典的名著に、千野栄一氏の『**外国語上達法**』という本があります。この本でも、外国語習得に必要なのは「お金と時間」であり、勉強法の要諦は「語彙と文法」だと指摘しています。

また、海外諸国と比べた日本人の英語力不足を嘆く声は多いですが、これは裏返すと、日本は必要かつ十分な人口のなかで、自己充足的な世界を築くことができていたということです。だから今までは、日常生活のなかで英語を話す必要は特にありませんでした。逆に国民の多くが英語を使っている国というのは、国力が弱いので国際化せざるをえないという切羽詰まった事情があるのです。だから北欧や中東欧の国々では、英語教育にたいへんな力を入れている。

もっとも、最低限の英会話能力しかない人が就く仕事は単純労働です。そのような単純労働に必要なレベルの英語が話せることを日本人の学習指針とするのは、きわめて危険です。なぜなら、それは日本が「グローバル・プロレタリアート」の供給地になることを、みずから選ぶ

『外国語上達法』
千野栄一著／岩波新書

「はじめに」より● ある人が「語学の習得というのは、まるでザルで水をしゃくっているようなものです。絶えずしゃくっていないと、水がなくなってしまいます。水がどんどんもれるからといって、しゃくうのを止めるとザルははぜてしまうのです」といっているが、これは真実であろう。語学の習得で決して忘れてはいけない一つの忠告は「忘れることを恐れるな」ということである。

ようなものだからです。

そのように考えれば、私たち日本人に必要な英語力とは、決して「旅行英会話」のようなものではなく、教養と結びついた英語でなくてはいけない。そうでないと、グローバリゼーションの荒波には対抗できないからです。そしてその一つの目安が、先に述べた「『インターナショナル・ニューヨーク・タイムズ』紙を辞書なしで読みこなせる」ということ。

そこにたどり着くためには、お金と時間をかけて英語テキストを読み込まなければなりません。価格が安く、洋書へのアクセスが容易な電子書籍は、経済的・時間的なコストを大幅に軽減してくれるのですから、これを使わない手はないでしょう。

最後に、英語テキストを読み続けるうえでの重要な要素を、もう一つ挙げておきましょう。

それは〝動機づけ〟です。ここでも千野氏の助言が役に立ちます。

現代人はいそがしいので、ありあまる時間を外国語習得にのみささげるというような好運にはめったに恵まれない。従って、大きな本はだめなのである。何らかの理由でその外国語の習得にすべてをかけるというような人は少数の人で、今ここで相手にしようとしている人たちではない。

初歩の語学の教科書なり自習書は、薄くなければならない。語学習得のためには、ああこれだけ済んだ、ここまで分かった、一つ山を越えたということを絶えず確認して、次のエネルギーを呼びさますことが必要である。飛び立った飛行機にとって、次の給油地があまりに遠いために墜落するといったへまは許されず、いつも余裕を持って次の中継地に着かなければならないが、それと同じようにして、次のエネルギーを得ることが必要なのである。とりわけ初歩の語学書に関しては、"mega biblion - mega kakon"（大きな本は大きな悪）という格言は的を射ている。（『外国語上達法』九五〜九六頁）

語学の最悪の学習法は、難しすぎるものに手を出すことです。背伸びするのではなく、まずは自分の英語力で理解できる範囲のテキストから始めて、少しずつレベルをアップさせていく。すると、次はさらに高度な英語の作品が読みたくなってくるという、好循環が生まれてきます。

単に「教養として英語を身につけたい」という動機だけでは長続きしません。「この小説を英語で読みたい」という知的な欲求が牽引していかないと、英語のテキストを読む習慣は身体化できないのです。本章で紹介した作品は、内容的にもそうした欲求に応えられるものを厳選しました。語学力とは、そのように少しずつステップアップしながら、身につけていくものなのです。

第八章
現代に求められる知性とは何か

教養のための二つの武器

この最終章では、現代社会で喫緊《きっきん》の課題だと私が考えている「教養の再生」という問題について考えていきます。

本書の前半では、古典の名著を読み解きながら、現代社会の危機を分析しました。なぜ古典を読むことが大切なのか——それは時代を継いで読まれ続けている本には、それだけ普遍的な論理が宿っていると考えられるからです。現在発刊されている書籍のなかで、五〇年後、一〇〇年後まで読まれ続ける本を探し当てることは非常に難しい。新刊書は玉石混淆であり、そのなかから価値のある本を探り当てることは、初学者ほど困難だと思います。ですから一見遠回りのように見えても、古典をじっくりと読み、その論理や思考の枠組みを吸収するほうが、はるかに教養の基盤となるのです。

実際、古典の論理を使うことで、現在の複雑な現象を説明することができるようになります。私自身が国際情勢や現代の政治・経済現象を分析する際にも、必ず古典の論理を参考にしています。

古典を読むことに加えて、もう一点強調しておきたいのは、中学・高校レベルの学習を疎《おろそ》かにしないことです。いざ教養を身につけたいと思っても、仕事が忙しいビジネスパーソンだと時間的・経済的にも限りがある。制約があるなかで、情報や知識をより効率的に入手しようと思ったら、教科書や学習参考書というのは最もよくできたマニュアルなのです。たとえば中学校の公民分野の教科書では、ネットを使った情報処理のしかたや統計の使い方、市場メカニズム、それにミクロ経済、金融のスキルといったものまで解説しています。だから、中学・高校レベルのスキルを身につけていたら、実はビジネスパーソンとしてほぼ問題なく通用することになるのです。

仮に大学入試のセンター試験で、全科目九割以上の点数がとれるならば、ビジネスパーソンとして必要な基礎教養は習得したと考えて差し支えありません。それだけの知識があれば、おそらくどんな分野の古典にも取り組むことができるはずです。

私がことあるごとに、高校の教科書や学習参考書を用いた学習を勧めるのは、それが古典を読むための基盤づくりや導入としても格好の学習になるからです。

ネット講義を活用する

しかし残念なことに、電子書籍コンテンツは増えているものの、いま挙げた古典名著と教科書や学習参考書は、まだまだ充実しているとは言えません。古典に関しては、少しずつ電子書籍化が進んでいるようですが、それでもまだ不十分ですし、教科書や学習参考書に至ってはほぼ皆無と言っていいでしょう。

したがって、教養を身につける読書としては、紙の本を中心に据えることが大切であることは、ここまで何度も繰り返してきたとおりです。

ただし大学入試レベルの学習を支援するツールは、電子書籍以外のコンテンツで役立つものが増えてきました。それはネット講義です。

たとえばリクルートが二〇一二年からサービスを開始した「受験サプリ」は、ビジネスパーソンにとっても非常に有用です。無料会員でも大学入試の過去問やセンター試験の模試を解くことができます。有料会員は九八〇円／月で、全科目の講義がすべて見放題ですし、テキストのＰＤＦも無料でダウンロードできます（紙のテキストは一冊九八〇円で販売）。講師はみな予備校の実力講師ですから、予備校の全科目の講義を九八〇円／月で受講し放題ということです。

私自身も生年月日や出身高校などを正直に入力し、志望大学はとりあえず同志社大学神学部として登録しました。主に世界史と日本史の講義を受講していますが、この講義の進め方も抜群に上手です。

私の感触では、この受験サプリを完全にマスターすれば、センター試験での高得点はもちろん、早慶上智の文系までは合格できると思います。月九八〇円で、それだけの学習ができてしまうのは、恐るべき価格破壊です。

ビジネスパーソンも英語の基礎や数学、歴史などを体系的に学習したいのであれば、この受験サプリを活用することで、非常に低コストで質の高い講義を受講することができるのです。

本選びには書評と書店員を徹底活用せよ

次に考えたいのは、本を選ぶ技法です。よく「どうやって本を選んだらいいのかわからない」という声を耳にします。私は『読書の技法』のなかで、学びたいテーマの基本書を三冊読むことを勧めていますが、こうした基本書の目星をつけるには、「書評を読む習慣をつける」と「書店員に聞く」という二つの方法を併用するといいでしょう。

書評は、新聞に掲載されているものや自分が気に入った本読みの人のものを読む。ネット書店のランキングは参考になりません。ネット書店で売れている本と、本読みの人たちが「これはいい」という本のラインナップは、乖離《かいり》していることが非常に多いのです。

本読みの人というのは、たとえば松岡正剛《せいごう》さんのような人です。松岡さんがネットで連載している書評エッセイ「千夜千冊」は、ただ一冊の本を取り上げるのではなく、その周辺の本も紹介しているので、いろんな本に出会えます。連載をまとめた本（『松岡正剛千夜千冊』求龍堂）が全七巻（特別巻含め八冊）セットで刊行されていますが、これは書評本としてお勧めです。一〇万円程しますが、目を通してみると、その後いい本に出会える確率が非常に高くなると思います。ですから一〇万円は、決して無駄な出費になりません。

ほかに歴史書だったら、加藤陽子さんの書評がすごくいい。福田和也さんの書評も信頼できます。こうした教養のレベルが高く、なおかつ自分の学説にこだわらず幅広い視野を持っている人の書評を読んで、彼らが勧めているものに乗っかっていくのがいいでしょう。私自身もメールマガジンで、「読書ノート」と題して、毎回三冊の本を紹介しています。それぞれの本には関連書を三冊挙げているので、合計九冊の本を読者は知ることができます。そういったものから、自分の関心に応じて良書と出合ってほしい。そういう気持ちで、読書ノートの掲載を続けています。

「書店員に聞く」のも同じ理由です。書店員は、いま述べたような優れた書評家と、感覚が非常によく似ているからです。

ジュンク堂の新宿店が閉店するときに、「本音を言えば、この本が売りたかった!!」フェアが話題になりました。書店員が選ぶ「本屋大賞」も毎年、注目されています。最近では、「ブックソムリエ」や「ブックコンシェルジュ」と謳《うた》って、本の目利きのプロとして書店員のアドバイスを看板にしている大型書店もあります。だから、気軽に聞いてみるといいでしょう。リアル書店で本を買う意義は、やはり人間に詰まっている情報を最大限に活用できるということが大きいのです。

また、書籍の世界には、書評で取り上げられにくい分野があります。たとえば一般の新聞や雑誌には、学習参考書の書評はほとんど掲載されません。しかし学参コーナーにいる書店員は、参考書の種類や特徴に驚くほど精通しています。こうした書評の少ない分野こそ、書店員に積極的にアドバイスを求めるべきでしょう。

本は三回迷ったら買ったほうがいい

では、いざ本を最終的に買うかどうかをどのように決断すればいいでしょうか。私にとっては本を読むことが仕事でもあるので、「迷ったら必ず買う」ことを原則としています。

しかし一般のビジネスパーソンにとっては、金銭的な制約があるでしょう。そこで推奨したいのは、書籍であれば「三回迷ったら買う」、雑誌に関しては「読みたい記事が三本あったら買う」という習慣を身につけることです。一度迷っても、とりあえずは買わないでおく。その代わり、同じ日でも、日を違えてもいいから、とにかく三回迷ったら、その本へのこだわりが相当あるという証拠だから買ったほうがいい。

あるいは立花隆さん方式で、まず予算を決めておくという方法もあります。今日は全部で五〇〇〇円までとか、一万円までとか、上限を設定するのです。それで書棚を見てまわって、気になった本があったらメモしておく。そして、店内をまわり終わったところで、メモを見ながら、予算の範囲内で買う本を決めるのです。

私は本を選ぶとき、立ち読みをほとんどしません。買ってゆっくり読んだほうがいいと思うし、書店は図書館ではないと考えているからです。人間はケチですから、立ち読みで済ませようとする気持ちが頭をもたげるかもしれません。しかし、立ち読みでは知識は身につかない。それは図書館で借りてきて読むのも同じです。自分で買って、所有して、初めて知識が血肉化されるのです。

教養共同体の重要性

さて、ここまで私は、一人ひとりの人間が、どのように教養を身につけるかという視点から、名著や教科書、学参の活用、本の選び方などの話をしてきました。

しかし、教養の力とは実は個人だけで身につけても本物の力にはなりえません。たしかにビジネスや交渉といった場面で、教養は強い武器になります。ただしそれだけでは、本書で考察してきたような社会の危機、国家の危機に対してはほとんど無力なのです。

私が「教養の再生」というテーマで、これから重要になってくると考えるのは、「教養共同体」を再生するということです。これは、第四章の最後に述べた中間団体の必要性とも通底しています。

教養共同体とは、自分たちの教養や思想を社会に還元していくような教養人のネットワークのことを言います。資本主義や国家の暴走は、「給料を上げろ！」「戦争反対！」と声をあげるだけではブレーキをかけられません。なぜか——それは戦争を推進するような運動や排外主義的な運動も、その背後にはどんなに稚拙であれ必ず思想の組み立てがあるからです。

知識人や教養人が思想の組み立てや教養の構築を怠ると、その空白を縫うように、粗雑な反知性主義者が物語を語り始めます。そして現代の日本には、政治家やビジネスエリート、運動家に至るまで、論理の体をなしていない気合主義や自己啓発のような物語が溢れています。

こうした乱暴な思想はやがて人々を動員し、物理的な暴力性となって秩序を破壊します。排外主義的なヘイトスピーチの登場はその兆候です。

反知性主義的な思想の暴力性に対抗するには、知識人や教養人が連帯して、別の思想・物語を語らねばなりません。だからこそ知識人・教養人の共同体やネットワークが今の時代にはたいへんな重要性を持っているのです。

新しいエリートが生まれている

私の見たところ、こうした教養共同体的なマインドを持った知的エリートが、この国にも生まれつつあるように感じます。たとえば、一九八五年生まれの社会学者であり、ベンチャー企業「ゼント」の執行役でもある古市憲寿《ふるいちのりとし》さんの著作**『僕たちの前途』**では、これまでとは異なるエリート像がうかがえます。

古市さんは現在、東京大学大学院総合文化研究科博士課程に在籍しながら、友人二人と有限会社ゼントという会社を経営しています。『僕たちの前途』は、若い起業家への取材をもとに労働社会学を論じている本ですが、同書によれば、このゼントの代表取締役である松島隆太郎さん（一九八三年〜）は、「天才高校生プログラマー」として、企業のコンサルティングやシステム設計を請け負っていたといいます。「当時は高校生だったためクレジットカードを作れな

『僕たちの前途』
古市憲寿著／講談社

「はじめに」より● この本の第一の目的は、起業家動物園の生態系を描くことだ。先に断っておくと、僕がこれから描くことを「今時の若手起業家はみんなこうなんです」と単純に一般化する気はない。だけど、この本で描かれるのは、決して特殊なストーリーではない。彼らの起業へ至る道のり、そして企業運営の仕方からは、象徴的に現代の起業家、そして現代の若者の姿を見て取れるはずだ。

かったので、いつも数百万円の現金をリュックに入れて持ち歩いていた」そうですから、相当な額の収入を得ていたことが容易に推測できます。

古市さんは、慶應義塾大学湘南藤沢キャンパス（SFC）で松島さんと出会い、もう一人の仲間とともにゼントで働いていますが、その働き方は非常に特徴的です。

たとえば「上場はしない。社員は三人から増やさない。社員全員が同じマンションの別の部屋に住む。お互いがそれぞれの家の鍵を持ち合っている。誰かが死んだ時点で会社は解散する」とあるように、拡大志向は一切ありません。

「なぜ働くのか」という問いは、彼らには愚問です。それは、彼らにとって仕事とは「好きなことをすること」「楽しむこと」と同義だからです。

たとえ数百億円を手にしたところで、いくら社会的名声を手に入れたところで、そこで手に入るものは意外と空しいものなのではないか。お金だけを持つことの空しさを、松島は大学入学前に嫌と言うほど体感していた。それは自分にとって本当に欲しいものなのか。自分にとって本当に欲しいものは何なのか。

松島の出した答えは「友だちとわいわい楽しんで生きること」だった。（『僕たちの前途』二七頁）

気のおけない仲間と、好きなことをしてお金を稼ぎながら楽しく暮らす――松島さんや古市さんはこの価値観を人生においてたいへん重要視しています。しかし、だからといって彼らは別にお金を忌避しているわけではありません。お金があることは最低限の条件であり、同時に「タイムリッチ」「フレンドリッチ」「マインドリッチ」であることを求めているのです。

こうした彼らの価値観は、アメリカ的なエリートではなく、むしろヨーロッパ的なエリートに近い。つまり、億万長者であることに価値をおかず、自分の趣味や教養、仲間とのつながりを大切にしているのです。

「贈与」を重視する行動パターン

彼らの価値観に近いものを感じた一冊として、二〇一一年に発刊された『**ぼくはお金を使わ**

ずに生きることにした』という本が挙げられます。この本は、著者のマーク・ボイル（一九七九年〜）が、お金も化石燃料も使わずに一年間トレーラーハウスで暮らすという実験を記録したものです。興味深いのは、彼は友人や知り合った人の世話になることを、「金なし生活」のルールとして認めている点です。たとえばヒッチハイクは許容されるし、夕食に招待されたらふつうに出かけていきます。ただし、どんなものでも「無償で与え、無償で受けとる」とし、交換条件やバーター取引というものは禁じています。

　ボイルは、お金の有無という点で古市さんや松島さんとは一見対照的ですが、仲間とのつながりを大切にしている点で共通しています。さらに両者は、経済人類学を創始したカール・ポランニー（一八八六〜一九六四年）の「贈与（互酬）」に積極的な価値を見いだしている点でも非常によく似ています。

　ポランニーは社会統合の基礎となる経済行為のパターンとして、「贈与（互酬）」「再配分」「交

『ぼくはお金を使わずに生きることにした』
マーク・ボイル著、吉田奈緒子訳／紀伊國屋書店

「訳者あとがき」より● 少なからぬ人が社会的不公正や環境破壊に心を痛め、それぞれに行動を起こす中で、著者が選んだのは「カネなしで生きる」という道でした。現代社会の抱えるさまざまな問題の根っこにあるのは、自分たちの消費する物がどこでどのように生産されているのかを見えなくする「お金」の存在だ、と考えたからです。

換」の三つを挙げています。私たちの社会ではもちろん、貨幣を用いた交換が支配的です。しかし、松島さんは「『友だち』や『仲間』のためなら惜しみなくお金を使う」し、ボイルは「ぼくの経験では、何の見返りも期待せずに惜しみなく与えていれば、かならず人からも惜しみなく与えられる」と言います。ボイルは古市さんより六歳年上ですが、既存の幸福観や自由観を問い直す視点を両者から見いだすことができるのです。

年長世代に対するアンチテーゼ

仲間や友人との小さなコミュニティを大切にし、そのなかでは贈与経済に近い形態の結びつきが営まれている。こういった行動パターンは、古市さん以前のエリートにはあまり見られなかった現象です。『僕たちの前途』巻末の田原総一朗さん（一九三四年〜）との対談には次のようなやりとりがあります。

田原　堀江貴文とあなたたちはどう違うの？

古市　一つは会社を大きくしたいとは思っていないところですね。僕たちの会社は三人から増やすつもりがないんです。

田原　堀江はひところ五〇〇〇億以上のカネをもらっていたと思う。それを持ちたくないわけ？

古市　五〇〇〇億円あっても使い道がないじゃないですか。一人の人間がどんなにリッチに暮らそうと思っても、服は一日ワンセットしか着られないですし、家具を毎日買うわけにもいきません。僕は車とか美食にも興味がないし……。

（『僕たちの前途』三二四〜三二五頁）

この後に古市さんは「僕は別にプライベートジェットなんていらないから、一緒に旅に行ける友だちがいればそれで幸せです。だから思い立った時に旅行に行けるくらいのお金は必要ですけど、それ以上は……」とも言っています。

時価総額の最大化に価値をおく堀江貴文さん（一九七二年〜）の思考は、マルクスが『資本論』で書いている資本の自己増殖の論理そのものですが、古市さんはそこに何ら魅力を感じていません。

さらに古市さんは、堀江さんよりもっと上の世代の生き方にも、明らかにアンチテーゼを唱えています。たとえば『僕たちの前途』には、漫画のキャラクターである島耕作（一九四七年〜）との対談も収録されています。その対談で島耕作に対して、「島さんって友だちはいますか？」「島さんの人生というのは本当に仕事一筋なんですね」と島耕作の人生を皮肉っています。

会社員も役人も、トップまで登り詰めることができるのは結局一人です。その間、ずっと出世競争があり、年齢を重ねるにつれて次々に脱落していく。出世競争に勝ち残ることを幸福と考える集団にとって、組織のなかで幸福な人間はトップただ一人だけということになります。

そんな世界に身をおくよりも、「はじめから小さな仲間とまとまって楽しく生きていくことのほうが豊かではないのか」というのが、彼が年長世代に対して突きつけているアンチテーゼなのです。

グローバルな教養の必要性

先行世代に比べれば、古市さんははるかに共同体を重視するマインドを持っています。しかし俯瞰して見ると、彼の著作や働き方は、決して新奇なものではないこともわかってきます。

彼は、自身が働くゼントとその周囲の親しい人々を「家族以上に『家族』であるように見える」と評しています。「社員は家族同然の運命共同体である」という考え方は、かつての日本的経営そのものです。日本的経営が家族的経営とイコールであることは説明の必要はないでしょう。そう考えるとゼントという会社は、日本的経営の現代版と捉えることができるのです。

また、彼の取材対象もすべて日本という枠内に限定されています。世界をクルーズするピースボートであっても、その船のなかは日本語の世界であって、グローバルな世界ではありません。

この古市さんと対照的な人物として、グローバル機関投資家のムーギー・キムさん（一九七七年～）が挙げられます。彼の出身大学は奇しくも古市さんと同じＳＦＣです。そして、東洋経済オンラインで連載していた「グローバルエリートは見た！」や、著書『**世界中のエリートの働き方を1冊にまとめてみた**』は、古市さんの仕事とは非常に対照的です。同書のなかで、キムさんは次のように語っています。

ひとつの国に閉じこもって生きていると、いかに思想や認識が知らず知らずのうちに、一国に閉じた政治家やメディアに支配されてしまうかが、世界で働き、さまざまな国に同僚や友人ができるとよくわかる。驚いたことに、民主主義だろうが言論の自由があることになっていようが、人は簡単に、時の為政者の思いどおりに操られてしまうのだ。

どこの国にも例外なく隣国に対する誤解があるが、狭小な視点で目先の票集めに奔走する政治家に国際交流をまかせるのは、もうやめにしなければならない。「外交の民営化」とまではいわないが、21世紀を生きる私たちには、国際的な視点からの懸け橋役を担う人たちがもっと必要だ。（『世界中のエリートの働き方を1冊にまとめてみた』一四頁）

金融のグローバルエリートを取材した本の冒頭で、キムさんは国家や権力というものの本質的な凶暴性を見事に描き出しています。

他方、古市さんは著書のなかで、次のように挑発的な言葉を投げかけています。

しかし、政府が「戦争始めます」と言っても、みんなで逃げちゃえば戦争にならないと思う。もっと言えば、戦争が起こって、「日本」という国が負けても、かつて「日本」だった国土に生きる人々が生き残るのならば、僕はそれでいいと思っている。（中略）

「日本」がなくなっても、かつて「日本」だった国に生きる人々が幸せなのだとしたら、何が問題なのだろう。国家の歴史よりも、国家の存続よりも、国家の名誉よりも、大切なのは一人一人がいかに生きられるか、ということのはずである。（『絶望の国の幸福な若者たち』講談社、二六七〜二六八頁）

身近な友人や仲間との生活を至上の価値とする古市さんの論理からすれば、国家が不要だという結論になるのは必然です。その意味では、彼の思想はアナーキズムのそれと近いかもしれません。

古市さんの主張は、日本という特殊な空間に

『世界中のエリートの働き方を1冊にまとめてみた』
ムーギー・キム著／東洋経済新報社（電子書籍版あり）

「はじめに」より● 誰もが年収5億円のトップエリートになれるわけではないが、大金持ちの彼らがあえて1000円の腕時計をつけることで伝えようとするメッセージには、どのビジネスにも通じる教訓がある。仕事に限らず、日々のコミュニケーションや人間関係など、公私のざまざまな局面で参考にできる要素も多々あり、彼らの「働き方」や「生き様」に私たちが学べることは多いはずだ。

住む若者の姿から導かれたものです。そしてそれを同じく特殊なグループの日本人に説明するわけですから、グローバルな世界は射程に入っていません。その点がキムさんと大きく異なる点です。

数学者の芳沢光雄さんが言っているように、特殊性について説明するには論理が必要です。そしてグローバル時代を迎えた現在、この特殊な世界と普遍的な世界を往還する知性が今後ますます求められてきます。これは古市さんに限った話ではなく、すべての人に共通することです。誰もがキムさんが紹介しているような金融の世界のグローバルエリートになるわけではありませんが、どんな仕事に就くとしてもグローバルな教養として、数学や論理学、経済学の必要性が増してくる。それらグローバルな教養を身につけながら、同時に国内とグローバル双方の教養共同体を展望するような知性が現代には求められているのです。

教養共同体の入り口

一般の学生やビジネスパーソンにとって、教養共同体の入り口となるのが書店です。ヨーロッパと日本との書店の違いは、扱う翻訳書の点数が日本は非常に多いということです。海外の著作を日本語で読めるというのは、グローバルな知識を獲得するうえで非常に有利です。もちろん、一般の書店の洋書コーナーは小さいですが、ただそれだって大型書店に行けばけっこう揃っています。そこで私は、もしネット書店のほうが値段が若干安かったとしても、できるだけ洋書はリアル書店で買うようにしています。なぜなら本というのは、文化産業であり、経済合理性とは違う原理によって動いているものだと考えているからです。

日常的に本を読む人が日本にどれくらいいるのか、正確な統計はないけれども、私は六〇〇万人ぐらいだと思っています。日本の人口が一億二七〇〇万人と考えて、総人口の五パーセントぐらいです。その六〇〇万人のなかで、書店員や作家、編集者、読者というのは、教養共同体を支えるコアなネットワークなのです。このネットワークに綻びが生じれば、それは文化の衰退につながっていきます。だから多少価格が高かろうが、文化的ネットワークを維持するためには、リアル書店を活用することが重要となってくるのです。

書店を文化的ネットワークとして認識しているのは、海外での経験が影響しているのかもしれません。海外の知的エリート層の書店活用法として強く印象に残っているのは、同じ本を複数冊買い、プレゼントする習慣が根づいていることです。自分で読んでいいと思った本があったら、「あの人にプレゼントしよう」と、具体的な人の顔を頭のなかで思い浮かべて、二冊、三冊と買う。クリスマスや誕生日などに本を贈ることが日常的に行われているのです。

彼ら／彼女らがプレゼント用の本を選ぶときは、いま流行りのベストセラーだからというような理由ではなくて、「あいつだったらこういった本に関心があるだろう」と相手の趣味嗜好を考えて買います。特に知識人は、何かいい本が出ると複数冊買っておくということをよくします。それで友人に会ったときにプレゼントする。私もその習慣に触れてから、本をよくプレゼントするようになりました。もちろん、相手から代金はもらいません。そうやって互いに本を交換しあうことで、知的なネットワークを築いたり、友情を確認しあったりする。書店で購入した本を贈りあうことは、知的な社交の一環であり、その積み重ねが教養共同体を底支えしていくのです。

あとがき

当初、電子書籍をビジネスパーソンがどのように活用すれば、教養を強化するツールにできるかについて書くつもりだった。しかし、途中で構想を全面的に改めた。その理由は、本文にも記したが、「電子書籍元年」が、当分やってこないからだ。

人間は、本質において保守的な動物である。子どもの頃に刷り込まれた習慣から抜け出すことは、なかなかできない。小学校で、紙の教科書に慣れた世代は、電子書籍を主たる読書のツールとすることが難しいのである。いずれ、小学校の教科書も電子書籍になる。それから一五年くらい経って、この世代の人たちが社会人になり、自分で稼いだカネで本を買うようになるときに、本格的な電子書籍の時代がやってくると思う。

それでは、我々にとって電子書籍を持つ意味はないのだろうか？　私は、電子書籍は、ビジネスパーソンが教養の力をつけ、出世していくための重要なツールになると考える。すでに読んだ本のなかで、「これは重要だ」と思うものを、電子書籍でも購入するのだ。同じ本を紙と電子の双方で購入することに、「カネが惜しいな」と最初は抵抗を覚えるかもしれない。しかし、この方法を半年くらい実践してみてほしい。電子書籍購入に支払った数倍の効果があることを、読者は皮膚感覚で知ると思う。

人間の脳は、コンピューターと比べれば、不正確で、記憶の容量にも限界がある。それだから、チェスや将棋の電王戦でも、コンピューターが人間に対して勝つのだ。しかし、物事の本質を直観的につかむ、不完全なデータしかないところで、総合的な判断をするという点で、人間とコンピューターの間には、質的な断絶がある。この断絶は、いずれ克服され、コンピューターが人間以上の知能と判断力、さらに構想力を持つようになると考える人もいるが、私はそのような見方に与《くみ》しない。もっともそれは、私の基礎教育がプロテスタント神学で、私自身がキリスト教徒であることと関係している。神が人間を創ったときに、人間（アダム）の鼻に命の息を吹き入れた（『創世記』二章七節）。それだから人間は、他の動物と異なる特別の地位を得たのである。人間がつくった機械であるコンピューターに神のような力を持たせようとする発想自体が間違いで、それは必ず大きな禍《わざわい》をもたらす。

＊

一八世紀から、人間の理性を信頼し、合理的な発想で科学技術を発展させ、人間社会を改変していけば、近未来に理想的な社会ができるという啓蒙主義が流行になった。しかし、その結果は、今からちょうど一〇〇年前に起きた第一次世界大戦（一九一四〜一八年）だった。科学技術の成果は、毒ガスや戦車を生み出し、人間の合理性は、どうすれば戦争に勝利するかという目的のために用いられた。啓蒙の思想が生み出したのは、大量殺戮と大量破壊だった。人類はこのような戦争を繰り返してはならないと考え、国際連盟を結成した。しかし、第一次世界大戦終結の二一年後に第二次世界大戦（一九三九〜一九四五年）が勃発した。第一次世界大戦で、日本は連合国（戦勝国）側であり、この戦争は主にヨーロッパで行われたので、日本人は、啓蒙主義がもたらした大量殺戮と大量破壊を皮膚感覚で感じることができなかった。

これに対して、第二次世界大戦で日本は敗れた。広島、長崎への原爆投下、東京大空襲、沖縄戦などで、無辜《むこ》の住民が大量に殺戮された。しかし、人間は忘れやすい動物である。安倍政権は、憲法解釈の変更による集団的自衛権行使の容認に踏み切った。安倍総理や自民党幹部の話を聞いていると、理性によって、軍事力を管理し、平和が維持できると本気で考えているようだ。これは第一次世界大戦前の啓蒙の思想だ。安倍総理だけでなく、世界的規模で、政治エリートは、一九世紀の啓蒙の思想と帝国主義政策に回帰しているように思える。

このような状況を正確に押さえておくことが、ビジネスパーソンにとっても重要になる。なぜなら、戦争が実際に起きるという雰囲気になれば、経済構造も政治体制も急激に変化するからだ。平時とは異なる企画力、自己管理能力がビジネスパーソンにも求められることになる（そういう状況にならないことを私は強く望んでいる）。

本当の意味で、「頭を使う」必要がある。政治家、官僚の発言や新聞報道の行間を読み解くことができる技法を身につけなければならない。その技法を支えるのが教養だ。そして、教養は読書によって培われる。重要なことが書かれた本については、それを電子書籍でも購入し（電子書籍が販売されていない場合は、スキャンしてＰＤＦにし）、携帯できる自分の図書館をつくることで、必要なときは常に正確な情報を引き出すことができるようになる。
本書で私が勧めた方法をぜひ、実践してみてほしい。確実に効果があることをお約束する。

＊

本書の刊行にあたっては、集英社インターナショナルの佐藤眞氏、本川浩史氏、編集協力をしてくださったライターの斎藤哲也氏にたいへんお世話になりました。深く感謝申し上げます。

二〇一四年六月二八日、サラエボ事件勃発一〇〇年後の日に、曙橋（東京都新宿区）の仕事場にて

佐藤　優

第五章 私が電子書籍を使うわけ

『泉鏡花 現代語訳集3　天守物語』
泉鏡花著、白水銀雪訳／2011年（電子書籍版のみ）

『カラマーゾフの兄弟』
ドストエフスキー著、亀山郁夫訳／光文社古典新訳文庫／2006年

『「資本論」を読む』
伊藤誠著／講談社学術文庫／2006年

第六章 教養としてのインターネット

『ロシアの声（VOR：The Voice of Russia）』日本語版
http://japanese.ruvr.ru/

『Okinawa: The History of an Island People』
ジョージ・H・カー著／Tuttle Publishing／2000年

『移民の運命——同化か隔離か』
エマニュエル・トッド著、石崎晴己、東松秀雄訳／藤原書店／1999年

第七章「知の英語」を身につけるには

「世界に通じる英語教育とは」（『月刊日本』2013年5月号収録）
鳥飼玖美子著／K&Kプレス

「DIPLOMACY」（『Kwaidan: Stories and Studies of Strange Things』）
ラフカディオ・ハーン著／無料版／2011年

『And Then』
夏目漱石著、Norma Moore Field訳／Tuttle Publishing／2011年

『それから』
夏目漱石著／角川文庫／1985年

『The Palace Of Dreams』
イスマイル・カダレ著、Barbara Bray訳／Vintage Digital／2010年

『外国語上達法』
千野栄一著／岩波新書／1986年

第八章 現代に求められる知性とは何か

『僕たちの前途』
古市憲寿著／講談社／2012年

『ぼくはお金を使わずに生きることにした』
マーク・ボイル著、吉田奈緒子訳／紀伊國屋書店／2011年

『世界中のエリートの働き方を1冊にまとめてみた』
ムーギー・キム著／東洋経済新報社／2013年

『絶望の国の幸福な若者たち』
古市憲寿著／講談社／2011年

参考文献一覧

第一章「世界大戦」は終わっていない

『20世紀の歴史――極端な時代』(上・下巻)
エリック・ホブズボーム著、河合秀和訳/三省堂/1996年

『詳説 世界史』
木村靖二、佐藤次高、岸本美緒(他6名)著
山川出版社/2014年

第二章 はたして「近代」は存在したのか

『ルネサンスと宗教改革』
エルンスト・トレルチ著、内田芳明訳/岩波文庫/1959年

『詳説 政治・経済』
山崎廣明、平島健司、阪口正二郎、粕谷誠(他3名)著
山川出版社/2014年

『田邊元全集 第11巻』
西谷啓治、下村寅太郎(他3名)編/筑摩書房/1963年

『トレルチ著作集10――近代精神の本質』
エルンスト・トレルチ著、小林謙一訳/ヨルダン社/1981年

『歴史と階級意識』
ジェルジ・ルカーチ著、城塚登、吉田光訳/白水社/1991年

第三章「動乱の時代」の必読書

『民族とナショナリズム』
アーネスト・ゲルナー著、加藤節監訳/岩波書店/2000年

『帝国主義』
ウラジーミル・レーニン著、宇高基輔訳/岩波文庫/1956年

第四章「反知性主義」を超克せよ

『パワー・エリート』(上・下巻)
チャールズ・ライト・ミルズ著、鵜飼信成、綿貫譲治訳/
東京大学出版会/1969年

『独裁者のためのハンドブック』
ブルース・ブエノ・デ・メスキータ、アラスター・スミス著、四本健二、浅野宜之訳/
亜紀書房/2013年

『クーデターの技術』
クルツィオ・マラパルテ著、矢野秀訳/イザラ書房/1971年

「なにをなすべきか?」(『レーニン全集 第5巻』)
ソ同盟共産党中央委員会付属マルクス=エンゲルス=レーニン研究所編、
マルクス=レーニン主義研究所訳/
大月書店/1957年

DIPLOMACY

Patrick Lafcadio Hearn

It had been ordered that the execution should take place in the garden of the yashiki. So the man was taken there, and made to kneel down in a wide sanded space crossed by a line of tobi-ishi, or stepping-stones, such as you may still see in Japanese landscape-gardens. His arms were bound behind him. Retainers brought water in buckets, and rice-bags filled with pebbles; and they packed the rice-bags round the kneeling man, —so wedging him in that he could not move. The master came, and observed the arrangements. He found them satisfactory, and made no remarks.

Suddenly the condemned man cried out to him: —

"Honored Sir, the fault for which I have been doomed I did not wittingly commit. It was only my very great stupidity which caused the fault. Having been born stupid, by reason of my Karma, I could not always help making mistakes. But to kill a man for being stupid is wrong, —and that wrong will be repaid. So surely as you kill me, so surely shall I be avenged; —out of the resentment that you provoke will come the vengeance; and evil will be rendered for evil."…

If any person be killed while feeling strong resentment, the ghost of that person will be able to take vengeance upon the killer. This the samurai knew. He replied very gently, —almost caressingly:—

"We shall allow you to frighten us as much as you please —after you are dead. But it is difficult to believe that you mean what you say. Will you try to give us some sign of your great resentment —after your head has been cut off?"

"Assuredly I will," answered the man.

術数

ラフカディオ・ハーン

死刑が屋敷の庭で執行されると仰《おお》せ出された。そこでその罪人は、そこへ引き出された。そして今も読者が日本庭園で見られるような飛石《とびいし》の一列が真中《まんなか》にある、広い砂の敷いてある処へ座らされた。彼は後手《ごて》に縛られていた。家来は手桶《ておけ》の水と小石の満ちた俵《たわら》を運んだ、そして座っている男のまわりに俵をつめた――動けないようにくさびどめにして置いた。主人が来て、その準備を見た。満足したので、何にも言わなかった。

不意に罪人は彼に呼びかけた――

「お侍様、私を御仕置《おしお》きになさるその過ちは、知って犯したのではありません。その過ちの原因は、ただ私の愚鈍《ぐどん》なためでした。何かの因果《いんが》で愚鈍に生まれてきたのでいつも間違いをしないではいられません。しかし愚鈍に生まれついたというわけで、人を殺すのは無道《むどう》です――それでその無道には報いねばなりません。あなたが私を殺せば、きっと私は復讐します――あなたが恨《うら》みを懐《いだ》かせるから復讐になる、そして仇《あだ》に報ゆるに、仇をもってします」……

人が激しい恨みを呑みながら殺されると、その人の幽霊は殺した人に恨みを報ゆることができる。このことを侍は知っていた。彼は甚《はなは》だ穏やかに――ほとんど愛撫するように――答えた。

「お前は勝手に自分らをおどかしてもよい――お前が死んだあとで。しかしお前の言おうと思っていることは分かりにくい。お前の恨みの何かの証拠を――首が切れたあとで――自分らに見せてくれないか」

「きっと見せます」男は答えた。

"Very well," said the samurai, drawing his long sword; —"I am now going to cut off your head. Directly in front of you there is a stepping-stone. After your head has been cut off, try to bite the stepping-stone. If your angry ghost can help you to do that, some of us may be frightened...Will you try to bite the stone?"

"I will bite it!" cried the man, in great anger, —"I will bite it!" —I will bite"—

There was a flash, a swish, a crunching thud: the bound body bowed over the rice sacks, —two long blood-jets pumping from the shorn neck; —and the head rolled upon the sand. Heavily toward the stepping-stone it rolled:then, suddenly bounding, it caught the upper edge of the stone between its teeth, clung desperately for a moment, and dropped inert.

None spoke; but the retainers stared in horror at their master. He seemed to be quite unconcerned. He merely held out his sword to the nearest attendant, who, with a wooden dipper, poured water over the blade from haft to point, and then carefully wiped the steel several times with sheets of soft paper... And thus ended the ceremonial part of the incident.

For months thereafter, the retainers and the domestics lived in ceaseless fear of ghostly visitation. None of them doubted that the promised vengeance would come; and their constant terror caused them to hear and to see much that did not exist. They became afraid of the sound of the wind in the bamboos, —afraid even of the stirring of shadows in the garden. At last, after taking counsel together, they decided to petition their master to have a Segaki-service performed on behalf of the vengeful spirit.

「よろしい」侍が長い刀を抜いて言った――「これからお前の首を切る。丁度前に飛石がある。首が切れたら、その飛石をかんで見せないか。お前の怒った魂がそれをやれるなら、自分らのうちに恐れる者もあるだろう。……その石をかんで見せないか」

「かまずにおくものか」たいへんに怒ってその男は叫んだ。「かむとも。かむ」――

キラリ、シュー、バタリ、ドシン、縛られたからだは俵の上へ弓なりになった――二つの長い血の噴出が切られた首から勢いよく出ている。そして首が砂の上にころがった。飛石の方へ重くるしくころがった。それから不意にとび上がって、飛石の上端を歯の間に押さえて必死となってかじりつき、それから力弱りてポタリと落ちた。

物を言う者がない、しかし家来たちは恐ろしそうに主人を見つめていた。主人はまったく無頓着のようであった。彼はただ最も近い家来に刀をさし出した。その家来は柄杓《ひしゃく》で柄《つか》から切先《きっさき》まで水をそそいで、それから丁寧に柔らかな数枚の紙で幾度かその刃金《はがね》を拭いた。……そしてこの事件の儀式的部分は終わった。

その後数カ月間、家来たちと下僕《しもべ》らはたえず幽霊の来訪を恐れていた。誰もその約束の復讐に来ることを、疑う者がなかった。そして彼らのたえざる恐れのため、ありもしないものを多く聞いたり見たりするようになった。竹の間の風の音をも恐れた――庭にある影の動くのにも恐れた。ついに相談の結果、その恨みを呑んでいる霊のために施餓鬼《せがき》を行うことを主人に願うことにきめた。

(iv)

"Quite unnecessary," the samurai said, when his chief retainer had uttered the general wish… "I understand that the desire of a dying man for revenge may be a cause for fear. But in this case there is nothing to fear."

The retainer looked at his master beseechingly, but hesitated to ask the reason of the alarming confidence.

"Oh, the reason is simple enough," declared the samurai, divining the unspoken doubt. "Only the very last intention of the fellow could have been dangerous; and when I challenged him to give me the sign, I diverted his mind from the desire of revenge. He died with the set purpose of biting the stepping-stone; and that purpose he was able to accomplish, but nothing else. All the rest he must have forgotten… So you need not feel any further anxiety about the matter."

—And indeed the dead man gave no more trouble. Nothing at all happened.

家来の総代が一同の願いを言った時に、「まったく無用」と侍が言った。……「男が死ぬ時に復讐を願ったことが恐れの原因であろうと思う。しかしこの場合には恐れることは何にもない」

その家来は頼むように主人を見たが、この驚くべき自信の理由を問うことをためらった。

「ああ、その理由は極めて簡単だ」その言葉に表れない疑いを推し量って、侍が言った。「ただその男の最後の目論見《もくろみ》だけが、あるいは危険になれたのだ。そして自分が彼にその証拠を見せろと挑んだ時、復讐の念から彼の心をわきへ向けた。飛石にかじりつきたいという一念で死んだ。その目的を果たすことができたが、ただそれっきり。あとはすっかり忘れたに違いない。……それだからお前たちはその事について、もうかれこれ心配しないでもよい」

——そして実際、死人は何も祟《たた》るところがなかった。まったく何にも起こらなかった。

日本語訳は田部隆次訳『小泉八雲文集第9編』（北星堂書店／1923年）より。
※用字や表記を一部改めました。

佐藤 優 さとう まさる

作家、元外務省主任分析官。一九六〇年、東京都生まれ。
同志社大学大学院神学研究科修了。
一九八五年に外務省入省。在英国日本国大使館、
在ロシア連邦日本国大使館勤務後、
本省国際情報局分析第一課において主任分析官として活躍。
『国家の罠』(新潮社)で毎日出版文化賞特別賞を受賞。
『自壊する帝国』(新潮社)で新潮ドキュメント賞、
大宅壮一ノンフィクション賞を受賞。
『読書の技法』(東洋経済新報社)、
『人に強くなる極意』(青春出版社)、
『先生と私』(幻冬舎)など著書多数。

知のトレッキング叢書

「知《ち》」の読書術《どくしょじゅつ》

二〇一四年八月三一日　第一刷発行

著　者　佐藤《さとう》優《まさる》

発行者　館　孝太郎

発行所　株式会社集英社インターナショナル
〒一〇一-八〇五〇　東京都千代田区一ツ橋二-五-一〇
電話　企画編集部　〇三-五二一一-二六三〇

発売所　株式会社集英社
〒一〇一-八〇五〇　東京都千代田区一ツ橋二-五-一〇
電話　販売部　〇三-三二三〇-六三九三
　　読者係　〇三-三二三〇-六〇八〇

印刷所　大日本印刷株式会社

製本所　株式会社ブックアート

　ISBN978-4-7976-7275-6 C0095

考えるとはどういうことか

外山滋比古 著

定価 1,000円＋税　ISBN 978-4-7976-7222-0

「知識と思考は反比例の関係にある」。経験を軽視し、自分の頭で
考えることが苦手になった日本人が自由思考を手に入れるためには？
超ロングセラー『思考の整理学』の著者が提案する発想のヒント。

宇宙はなぜこんなにうまくできているのか

村山 斉 著

定価 1,100円＋税　ISBN 978-4-7976-7223-7

なぜ太陽は燃え続けていられるのか。
なぜ目に見えない暗黒物質の存在がわかったのか。
そして、なぜ宇宙はこんなにも人間に都合よくできているのか――
宇宙の謎がよくわかる、村山宇宙論の決定版。

マンガでわかる宇宙論

アインシュタイン痛快！ 宇宙論

村山 斉 監修／イアン・フリットクロフト 原作
ブリット・スペンサー 作画／金子 浩 訳

定価 2,000円＋税　ISBN 978-4-7976-7366-1

村山斉氏監修の「マンガでわかる宇宙論」。宇宙のはじまり、素粒子論、
相対性理論、量子力学など物理学の最先端から生命とは何か、
脳や目のしくみにいたるまで、科学のすべてをこの一冊に凝縮。

文系のための理系読書術
齋藤 孝 著

定価 1,200円＋税 ISBN 978-4-7976-7260-2

「今もっとも知的好奇心をかき立ててくれるのは科学の分野。その興奮を知らずにいるのはもったいない」と著者は文系の人たちに理系読書をすすめる。生物学、数学、医学などのおすすめ本を紹介する。

日本人はなぜ存在するか
與那覇 潤 著

定価 1,000円＋税 ISBN 978-4-7976-7259-6

歴史学、社会学、哲学、心理学から比較文化、民俗学、文化人類学など、さまざまな学問的アプローチを駆使し、既存の日本&日本人像を根本からとらえなおす！　大学の人気教養科目の講義が一冊の本に。

生命とは何だろう？
長沼 毅 著

定価 1,000円＋税 ISBN 978-4-7976-7243-5

最初の生命はどこで生まれたのか、生命を人工的に創りだすことは可能なのか、そもそも生命とはいったい何なのか。南極やサハラ砂漠など、極限環境の生物を研究する長沼毅が、生命の謎に迫る。

宗教はなぜ必要なのか
島田裕巳 著

定価 1,000円＋税 ISBN 978-4-7976-7242-8

世界の多くの人たちが、人間が生活していく上で宗教は必要なものだと考えている。その根源的な理由を具体的な宗教を例にわかりやすく解説。今の私たちにも宗教が必要かどうかを考えていく。